THEES UHLMANN

DIE TOTEN HOSEN

Thees Uhlmann

Die Toten Hosen

KiWi MUSIKBIBLIOTHEK

Für Reimer Bustorff,
Marcus Wiebusch
und Jessica Timm

DIE MACHT DER NACHT

Die Pubertät ist ein Tropfen Wasser auf einem Blatt, auf dem ein Vogel landet. Der Tropfen fliegt in die Luft. Der Vogel hat Durst. Aber wo der Tropfen landen wird, wird keiner wissen können.

Es war nur ein Zettel am Schwarzen Brett, wo die täglichen Vertretungsstunden, Unterrichtsausfälle und sonstige halbwichtige Sachen angeschlagen wurden.

Natürlich stand man vor diesem Brett in der Hoffnung, dass man irgendwie freihaben könnte. Oder weil sich daneben der wichtigste Raum der Schule befand: das Hausmeister-Kabuff. Der Gang zur Schule hatte sich schon gelohnt, wenn der Hausmeister, den alle nur Mölli nannten, einen mit Handschlag und einem Spruch begrüßte. Mölli sah aus wie eine Mischung aus einem dänischen Schichtleiter im Hafen von einem Ort mit vielen Øs und einem Walross, dessen Borsten durch den übermäßigen Genuss von Camel ohne gelblich strahlten.

Aus irgendeinem Grund war Mölli der Kofi Annan des Gymnasiums Warstade geworden. Mölli hatte keine Ahnung von Subkultur, cooler Musik oder warum eine Jeans vor allen Dingen kaputt sein musste, damit sie ein sinnvolles Kleidungsstück darstellte. Aber dennoch umringten alle Mölli, um einen physischen oder psychischen Klaps auf die Schulter zu bekommen.

Circa ein halbes Jahr vor dem 10.12.1988 hing ein handgeschriebener Zettel angepinnt am Schwarzen Brett, auf dem stand: »Wer will mit zum Toten-Hosen-Konzert nach Hamburg? Bus wird organisiert. 10 DM für die Fahrt, 19,99 für die Karte! Eintragen!« Daneben dann eine Tabelle, in der links »NAME« stand und rechts »KLASSE«, was natürlich total sinnlos war, weil es ja scheißegal ist, in welche Klasse man geht, wenn man zu einem Punkkonzert fährt. »Thees Uhlmann – 9F«, schrieb ich trotzdem pflichtbewusst. Das F stand für Französisch, das L für Latein. Mir hätte keine der beiden Sprachen etwas gebracht, aber wer Mathe konnte, machte Latein und wer nichts konnte, machte Französisch. Also: Französisch.

»Alter, scheiß Lateiner, eh. Wie wollen die denn in Frankreich im Urlaub Bier bestellen? Tote Sprache, Alter!« Wir wussten weder, was eine tote Sprache ist, noch habe ich in meinem Leben mehr als zehn französische Sätze gesprochen.

»Thees Uhlmann – 9F«. Ich schrieb meinen Namen auf die Liste. Ich wusste, dass das sinnlos war, da ich sowieso nicht zum Konzert durfte, aber ich wollte einmal dabei sein. Bei irgendetwas. Und wenn es nur eine Liste war. Ich wollte einfach dabei sein, bei einer Sache, die größer war als Hemmoor.

Ich wurde humorvoll-konservativ, autoritär-freigeistig erzogen. Eine wilde Mischung, bei der man sich nie sicher sein konnte, was einen geistig schnell und psychisch instabil machte, weil die Antwort – egal wie gut man argumentierte – immer »Nein« war. Das allerletzte Ass im Ärmel, nämlich »Mein Bruder darf das aber auch!«, wurde final beantwortet mit: »Das ist was anderes!«

Der, der den Zettel ans Schwarze Brett gepinnt hatte, war Nilo. Er war der Typ, der für uns das Wasser geteilt und den Weg Richtung Subkultur freigemacht hatte, der uns aus der Wüste des Dorfes in das Land führte, aus dem der Sound und die Gefahr kamen. Beides nahm man irgendwie unbewusst wahr, sobald unten die Haare zu wachsen anfingen. Fast noch wichtiger: Alle Lehrer, außer der mit einem seltsamen Interesse für Randcharaktere, hassten ihn. Er war der Rudi Dutschke der Dorfprolls. Der Sid Vicious aus Burweg. Der MCA vom Fährkrug. Nilo war mit elf Jahren aus Berlin-Frohnau nach Hechthausen-Burweg gezogen, seine Eltern waren Stahlhändler und in Nilo brannte schon früh alles, was Subkultur anzünden kann. Er trug große weiße Adidas-Turnschuhe und einen Fell-Parka wegen Run DMC, er trug einen weißen Handschuh wegen Michael Jackson (»Alter, Michael Jackson ist doch scheiiiiße.« – »Das verstehst du nicht!«), er trug grüne, gespikte Haare wegen Punk und er trug Heavy-Metal-Shirts. Er war uns haushoch überlegen, aber vielleicht wusste er das gar nicht. Er lud mich auf eine seiner Partys ein, die in der Scheune des ausgebauten Bauernhofes seiner Eltern stattfand, und die Einladung kam der Verleihung eines

Ordens für Coolness gleich. Die Kollateralschäden nach diesen Partys waren so immens wie legendär, und dass keiner gestorben ist, kann man eigentlich nur Gott verdanken. Auf diesen Partys wurden Beziehungen aufgelöst, Motorradunfälle verursacht, Führerscheine mit weit mehr als 2,5 Promille abgegeben, eine Messingstange in der Küche abgerissen (»Geil, guck mal, eine Stange am Herd. Warte, ich kann Aufschwung.«). Vielleicht aber macht mein Gehirn diese Partys retrospektiv spektakulärer, als sie eigentlich waren, denn mein Vater hatte auf die Frage, ob ich zu Nilos Party darf, kontrolliert eloquent mit »Nein!« geantwortet. »Alle dürfen dahin, nur ich nicht!«, sagte ich. »Genieß das Gefühl, etwas Besonderes zu sein!«, sagte mein Vater. »Wenn ich eine gute Mathearbeit schreibe, dann darf ich dahin!« »Ja, gut. Das machen wir!«, dann lachte er. Schlecht in Mathe zu sein, das ist auch so ein Schmerz, den man nie vergisst.

Mein Vater hasste Nilo, nein, er hasste Nilo nicht, er arbeitete sich an ihm ab, weil ihm seine Art zu neu und unverständlich war, und Nilo tat alles, damit dies so blieb. Als eines Tages eine größere Schulverschönerung bei uns anstand, die da hieß »Die Klos werden neu gestrichen!«, konnte Nilo all sein Können unter Beweis stellen. Natürlich störte sich das Rektorat an den mühsam aufgemalten Sprüchen in den Kabinen wie »Achtung, Limbotänzer!« oder den Logos diverser Heavy-Metal-Bands, die mit dickem Edding an die Klotür angebracht worden waren. In der ersten Schulstunde, nachdem die Farbe in den Klos getrocknet war, (wir hatten natürlich versucht, durch den Farbgeruch high zu werden, waren aber kläglich gescheitert) fragte Nilo, ob er kurz austreten dürfe. Er steckte sich einen Edding in die Hosentasche, ging auf das Schulklo, stellte sich auf eine Kloschüssel und schrieb in dicken Buchstaben »Bonn Schowi« an die Wand. So hieß seine Band. Der Direktor war danach so aufgebracht, dass er sich schnaubend über das Schulmikrofon meldete und mit wutbebender Stimme prophezeite, dass der Verursacher des Vandalismus den Schaden bezahlen müsse. Wir wussten, wer es war, er wusste, wer es war. Wahrscheinlich hätte man alle Schüler auf dem Schulhof versammeln und einen fremden Blinden ohne Menschenkenntnis fragen können, wer es war, und er hätte auf den richtigen gezeigt. Aber auch im Gymnasium gilt: Im Zweifel für den Angeklagten.

Ich war vierzehn, als ich mich in die Liste für das Konzert der Toten Hosen eintrug. Es war eine Zeit, die ich als diffus empfand. Mein Bruder verbrachte gerade ein Austauschjahr in den USA. Wir hatten uns nie gut verstanden, aber als er zurückkam, ab da war alles für immer gut. Ich hatte ein Bild malen müssen für seine Rückkehr, das die amerikanische Flagge und die deutsche Flagge zeigte, und darüber stand: »Goodbye USA, Moin Hemmoor«. Ich weiß noch genau, wie unendlich peinlich mir das war, aber ich weiß nicht mehr, warum. Und wenn ich heute das Foto sehe, ist es mir immer noch unendlich peinlich, und ich weiß immer noch nicht, warum, und das macht mich wahnsinnig. Manchmal glaube ich, dass das der Beweis ist, dass wir wachsen, dass uns Dinge peinlich werden und wir nicht wissen, warum.

An dem Tag, an dem Nilo die Liste an das Schwarze Brett gepinnt und ich mich eingetragen hatte, ging ich nach Hause, setzte mich an den Mittagstisch und sagte: »Ich möchte gerne zum Konzert von den Toten Hosen nach Hamburg fahren!« Und mein Vater sagte: »Ja!«

Die Liste war innerhalb von ein paar Schulstunden voll. Schüler und Schülerinnen der Haupt- und Realschule kamen extra rüber ins Gymnasium, um sich einzutragen. Das allein war schon ein Hinweis darauf, dass es eine außergewöhnliche Fahrt werden würde, denn nach der siebten Klasse hatte man nicht mehr viel mit den Schülern der anderen Schulen zu tun, es sei denn, man traf sich zufällig auf dem Bartholomäusmarkt in Lamstedt, auf Dorfdiscos oder Partys, auf denen Jungs für 15 Mark und Frauen für 10 Mark so viel saufen konnten, wie sie eben konnten. Whiskey-Cola aus kleinen Gläsern. KGB = Korn, gelbe Brause. Ab und zu setzte es Hiebe (die!), und ab und zu regnete es altkluge Sprüche (wir!).

Auf dieser Liste waren wir alle gleich. Wir waren grün hinter den Ohren und wollten das erste Schwarz auf unseren Seelen. Im Nachhinein wundere ich mich, warum Die Toten Hosen schon zu diesem Zeitpunkt eine »Ich-muss-da-mit!«-Anziehungskraft hatten. Es war die Zeit vor ihren großen Hits. Es war nach *Bis zum bitteren Ende,* aber weit vor allem, was nach *Hier kommt Alex* kam. Warum wussten so viele, dass dieses Konzert ihr erstes sein musste?

Als es so weit war, waren alle dabei und alle hatten Spitznamen. Man musste damals keinen Spitznamen haben so wie heute die Punks vom Bahnhof, sondern man hatte einfach einen, der einem zufällig wie ein Mantel übergelegt wurde. Krude Abwandlungen des Vor- oder Nachnamens, teilweise seltsame Fantasieworte, die von der einen oder anderen Heldentat herrührten.

Ich hieß Uhlo. Oder Schwulmann. »Schwul« war wenige Jahre später plötzlich kein Schimpfwort mehr, um dann wiederum ein paar Jahre später wieder eines zu werden.

Es waren einfach alle dabei: Scholle, Turbo, Hugo, Ding Dong, Stemmi, Colli, Hu, Nilo, die Moorcore-Brüder, Kriete, Klosa, Killer, Bodo, Hape, Ütz, Nougy, der Bruder von Nougy, deren Familie als einzige auf der ganzen Welt ein Pissoir im Bad hatte.

Dass jemand sich bereit erklärt hatte, eine solche Gruppe von unschuldigen, aber erlebnissüchtigen Menschen beruflich 82 Kilometer über die B 73 nach Hamburg zu fahren und auch wieder zurück, kommt mir im Nachhinein seltsam vor. Natürlich schleppten wir raue Mengen Alkohol in diesen Bus, als er vor dem Gymnasium Warstade hielt.

Es gab damals einen Pennymarkt im Ort, genau da, wo heute das Gesundheitszentrum ist, was ja schon wieder die Ironie des Schicksals manifestiert, denn genau in diesem Pennymarkt haben wir alles bekommen, was wir wollten. Die Verkäuferin ermöglichte uns den ungehinderten Zugang zu Alkoholika jedweder Promillezahl, und das nicht aus rein finanziellem Interesse. Es war ihr schlichtweg egal, dass sich Vierzehnjährige Apfelkorn oder eine Palette Hansa Pils kauften. Aber zum Teufel, in welchem Alter soll man denn sonst so was trinken? »Hurra, gerade habe ich mein Studium in Kommunikationswissenschaften abgeschlossen, das muss mit einer Flasche Apfelkorn gefeiert werden«, sagt doch kein Mensch. Allerdings ist »Apfelkorn« eine wunderbare Antwort auf die Frage: »Was machen wir eigentlich in der halben Stunde vor der Theater-AG?«

Man kann sich das vielleicht nicht mehr vorstellen, aber man hatte damals keine Angst zu sterben. Das war ein tolles Gefühl. Auf der anderen Seite kann man sich auch nicht mehr vorstellen, Hansa Pils aus Dosen zu trinken, die Raumtemperatur haben. Das ist auch ein tolles Gefühl.

Aber am 10.12.1988 ging das alles zusammen. Vielleicht hatten wir auch alle unbewusst auf diesen Tag hingearbeitet. Und der Bus fuhr los, und wir haben getrunken, aber irgendwie nicht asozial, sondern aus Freude, weil wir wussten, dass wir fit sein mussten.

Vor einigen Jahren sprach ich mit Jan Müller, der bei Tocotronic Bass spielt, über unsere ersten Konzerte und heraus kam Folgendes:

Er: »Los! Wir stellen uns wichtige Fragen! Was war dein erstes Konzert?«

Ich: »TOTE HOSEN in der ›Macht der Nacht‹. Da auf dem Parkplatz, wo sonst immer diese riesigen Wohnwagenanhänger stehen!«

Er: »Oh, das war das erste Konzert von denen, zu dem ich nicht mehr gegangen bin!«

Es ist genau dieser Dialog, der ganze Soziologiesemester zusammenfasst. Wir vom Dorf haben es gerade entdeckt und die coolen Kids der Stadt hatten es schon aufgegessen, verdaut und ausgespuckt.

Der Bus fuhr in Hamburg-Stellingen ab und bog nicht wie gewohnt in Richtung meiner Oma, sondern links in Richtung Volksparkstadion ab. Andere zweckentfremdete Schulbusse sammelten sich neben von Eltern ausgeliehenen oder selbst gekauften und schon verbeulten PKWs. Aus den Autos plärrten aus Tapedecks Punksongs, AC/DC, Schlager. Dazu tranken die Leute Bier und alles vermischte sich zu einem Klang, den ich vorher noch nie gehört hatte. Vorfreude als Geräusch. Ein zwillenartiger Zustand hatte uns alle erfasst. Wir waren gespannt.

Und dann kam die Angst. Noch heute lehne ich es ab, Eintrittskarten, Flugtickets, Reise-Vouchers oder Travellerschecks für andere zu halten. Ich habe Angst sie zu verlieren. Tiefe, echte, nackte Angst. Ich kontrolliere alle zwanzig Sekunden, ob alles noch da ist. Und der Kenner weiß: Beim Kontrollieren fällt gerne etwas runter.

Mein Toten-Hosen-Ticket hatte einen schönen Prägedruck und meine Finger konnten nicht genug davon bekommen, die Karte zu befühlen. Wir stellten uns in einer Schlange an, und wir riefen zusammen »Hosen! Hosen! Hosen!«, wie uns das auf dem Album *Bis zum bitteren Ende* beigebracht wurde. Wie ein Schlachtruf zu einem wilden Ritt durch eine jungfräuliche Nacht, von jungfräulichen Jungs gegrölt.

Meine überbordende Angst, dass ich nicht reinkommen könnte, weil zu jung, »Du nicht!«, ausverkauft, Konzert abgesagt, ein Satellit stürzt auf mich, ein Mammut rennt durch die Gruppe der Wartenden und zertrampelt alle, löste sich schlussendlich in Euphorie auf, denn: Jemand riss den Kontrollschnipsel am unteren Ende der Karte ab, und ich war drin.

Die »Macht der Nacht« war ein Zirkuszelt, das irgendjemand für eine kurze Zeit auf die Wiese vor der Müllverbrennungsanlage am Volkspark gestellt hatte. Ich werde nie den Geruch vergessen, den ich einatmete, als ich endlich drin war: Es roch nach Holz von den Planken auf dem Boden, Bier und ekstatischen Menschen, die vor Freude schwitzten. Wäre ich Parfumeur, könnte ich den Geruch heute noch zusammenmischen. Wäre ich Regisseur, könnte ich die Szene nachstellen. Wäre ich ein Maler, würde das Bild wie eine Mischung aus Caspar David Friedrich und Bob Ross aussehen. Kindlich und bedrohlich.

Wir versuchten krampfhaft, beisammenzubleiben. Ich glaube, ich kaufte bei dem Konzert noch nicht mal Bier, weil man in diesem Alter überhaupt kein Geld dafür hat, um sich ein Bier beim Konzert zu kaufen.

Heute versuche ich, als Allererstes bei einem Konzert an den Tresen zu kommen, um das alles überhaupt auszuhalten.

Die Vorband hörte auf den Namen Asmodi Bizarr. »Sackgeiler Name!«, dachten wir uns. »Punk und spanisch und irgendwie Horrorfilm.« Aber alles hört sich großartig an, wenn die eigene Band Warpigs heißt, ohne dass man den Song von Black Sabbath gekannt hat. Es war, glaube ich, eine Mischung aus Jingo de Lunch und Guns N'Roses. Oder eine Mischung aus Life … But How to Live It und L.A. Guns, aber das ist ja auch fast dasselbe. Wer noch die Band Life … But How to Live It kennt, möge sich an dieser Stelle fest von mir in den Arm genommen fühlen.

Und dann ging es los. Wie ein Orkan, Rock 'n' Roll-Erweckung. Nein, das stimmt gar nicht. Erweckung in sich. Das Ende einer Kindheit, der Beginn von etwas anderem, das man nicht greifen konnte. Man wollte erwachsen werden, ohne erwachsen zu sein. Das geht mir eigentlich heute immer noch so. Meine Tochter sagte mal zu mir: »Warum bist du der strengste Vater, den ich kenne, und ich darf trotzdem alles?« Ich freute mich und sagte: »Ja!«, und kaufte ihr etwas, das sie sich schon lange wünschte.

Vielleicht war Rock 'n' Roll früher wirklich gefährlicher. Ob das gut ist oder schlecht, weiß ich nicht wirklich. Ich weiß nur, dass es inzwischen bei den größten Festivals, wenn die Hauptband auf der Mainstage spielt, aus Sicherheitsgründen vor der Bühne so leer ist, als wäre man auf einem halb ausverkauften Konzert. Sicherheit ist eine gute Sache, aber vielleicht auch ein wenig langweilig. Dieses Konzert war voll. Menschen, die drückten, auf Menschen, die drückten, die auf Menschen drückten, die näher an die Bühne wollten. Näher zum Licht, wie Punkermotten, bereit zu verglühen. Die Menschen drückten so, dass die Oberkörper sich nach vorne bewegten, aber die Füße stehen blieben, weil schlichtweg im Wald von Beinen kein Platz war, einen Entlastungsschritt zu tun. Wie Späne unter einem Magneten bewegte sich die Masse nach links und nach vorne, nach rechts, nach hinten. Sklaven des Punks.

Stemmi war neben mir, und ich sah, wie er unter der Masse begraben wurde. Ich sah, wie er unterging und von Leibern überdeckt wurde, als sich oben drauf noch ein Stagediver dazugesellte. Stagediving war sehr en vogue damals. Es wurde sogar von einer Zigarettenfirma eine Stagediving-Weltmeisterschaft ausgerufen. Das muss man sich mal vorstellen. Irgendwo im Ruhrpott funpunkten die Abstürzenden Brieftauben auf einer Bühne und dazu sprangen junge Männer ambitioniert ins Publikum. Vizeweltmeister wurde … richtig geraten: Nilo!

Stemmi kam, wie gesagt, richtig unter die Räder. Jemand trat dem auf dem Boden liegenden Stemmi in den Nacken, und er wurde ins Krankenhaus nach Altona gefahren, mit dem Verdacht auf Wirbelbruch. War aber zum Glück nichts Schlimmes.

Ich sah ein Drittel unseres Busses auf der Bühne bereit zum Absprung. Zum Beispiel auch jemanden, der heute Lehrer am Gymnasium in Warstade ist.

Und dann weiß ich nichts mehr. Ich neige nicht zu Filmrissen, und so viel habe ich damals eh nicht getrunken, aber ich weiß ab Song vier oder fünf nichts mehr. Ich habe nur noch aufblitzende Gehirnfotos von dem Abend.

Einer der größten Erfolge meines Lebens war, als ich beim letzten Profispiel von Fabian Boll, Fußballer des FC St. Pauli, meinen Song über Fußball und den FC St. Pauli im Speziellen im Mittelkreis des Millerntor-Stadions spielen durfte. Ich hatte extra eine kleine Zusatzzeile für ihn getextet. »Derbysieg, Mann war das toll. Für immer 17 – Fabian Boll!« Das »für immer 17« bezieht sich erstens auf die Rückennummer, die er immer trug, und zweitens auf den hervorragenden Song von … But Alive, der *Für immer 16* heißt.

Ich weiß noch, wie das Spiel abgepfiffen wurde. Ich weiß noch, wie ich am Rand des Fußballfeldes stand und jemand einen Mikrofonständer in den Mittelkreis stellte. Danach weiß ich nichts mehr, bis auf meine Gehirnfotos. Ich weiß noch, wie froh ich war, dass meine Gitarre nicht verstimmt war. Sie war die 10 000 Mal davor auch nicht verstimmt gewesen, aber an dem Tag machte ich mir Sorgen. Völlig ohne Erinnerung hingegen ist die Zeit bis zum ersten Refrain, denn ich wachte auf, als das Echo von 29 000 St.-Pauli-Fans zeitversetzt bei mir ankam. Und versuchen Sie mal, 29 000 Stimmen zu ignorieren. Zwischenteil singen: *Und Bayern besiegt, in Chemnitz verloren, man hört noch die Chöre in seinen Ohren, meine Schulter ist nass durch des Nebenmanns Tränen – kann es etwas Schöneres geben!* Und dann war das Lied zu Ende, und ich stand auf dem Fußballplatz wie ein Junge vor der Schule an seinem ersten Schultag. Als Freunde mich danach fragten, wie es war, konnte ich nur sagen: »Ich weiß es nicht.« Aber versungen habe ich mich nicht an dem Tag.

Ich glaube, mein System hat sich einfach heruntergefahren bei diesem ersten Konzert meines Lebens, weil es gemerkt hat, dass mir sonst die Sicherungen durchbrennen, und weil man als Vierzehnjähriger vielleicht noch nicht begreifen soll, dass man unbedingt singen möchte.

Ich erinnere mich noch, wie Die Toten Hosen von der Bühne gingen, um zur Zugabe verkleidet als Rote Rosen auf die Bühne zurückzukommen. »Die scheiß Toten Hosen sind schon lange im Hotel. Diese arroganten Rockstar-Arschlöcher!«, sagten sie und punkten sich durch Coverversionen deutscher Schlager.

Es gibt im Netz keine Setlist, es gibt noch nicht mal eine Notiz zu dem Konzert. Fast magisch. Fast, als ob er nur mir, nur uns gehörte, dieser Abend.

Das Konzert ist zu Ende, und die Masse begibt sich

mit schweißnassen T-Shirts nach draußen, und alle dampfen im Licht der Straßenlaternen, wie Rennpferde nach dem Derby.

Wir zählen im Bus durch und zum Glück haben es alle bis auf Stemmi geschafft. Der lag im AK Altona. Der Bus ruckelt durch den Elbtunnel auf die B 73 in Richtung Hemmoor zurück. Und ich weiß noch, dass ich das erste Mal müde und wach gleichzeitig war. Es ging damals noch nicht viel mit Erotik, aber ein Mädchen, das ich heute noch namentlich kenne, und das viel besser aussah als ich, saß in der Mitte des Busses. Auf dem Platz, wo die Treppen zur hinteren Bustür runtergehen. Ich stand auf dieser Treppe, und alle waren ausgelassen, und der Busfahrer fuhr in Seelenruhe die aufgepushte Toten-Hosen-Truppe nach Hause. Ich redete und redete, wahrscheinlich im Versuch, nichts von diesem Abend jemals zu vergessen. Und dann nahm sie mich einfach in den Arm, und ich habe zum ersten Mal in meinem Leben einen Busen gespürt. Ich bin fest davon überzeugt, dass das eher mütterlich gemeint war. Sie wollte das waidwunde Pony wieder einfangen und mich einfach zum Schweigen bringen. Und das hat dann auch geklappt.

Aber ich habe an diesem Abend mein erstes Konzert erlebt und zum ersten Mal einen Busen gespürt. Man gewinnt nicht häufig im Leben. Häufiger verliert man, und die meiste Zeit passiert nichts, außer Mittagessen kochen, sich aufregen und freuen. Aber an diesem Abend war ich eindeutig Gewinner. Da darf man nicht dumm sein, da muss man sich erinnern.

Der Bus hielt am Gymnasium an und alle stiegen aus. Einige gingen noch weiter zu einer Party, aber ich durfte das nicht. »Nach dem Konzert kommt ihr direkt wieder nach Hause!« Mein Kumpel Michael von meiner Jugendgang Kings of Violence (Mitglieder: 3) und ich gingen mit hängenden, kaputt gebangten, müden Köpfen in Richtung Elternhaus. Und die erste Frage, die uns mein Vater am nächsten Morgen stellte, war: »Und? Habt ihr gestern schön gemosht?«

SYMPHONIE

Damit Sie nicht später sagen können, Sie hätten durch die Lektüre dieses Buches nichts gelernt, nichts über sich und erst recht nichts über Die Toten Hosen, kommt hier jetzt absolutes Fachwissen, das wirklich nur der innerste Zirkel kennt. Nur die Spezialisten, nur die harten Hunde und weichen Katzen, nur die Expertinnen und Nerds. Ehrlich gesagt, ich glaube, ich bin der Einzige, dem das je aufgefallen ist. Ich habe beim Komponisten nachgefragt, ob ich richtig gehört habe, und warte bis heute auf eine Antwort. Ich finde das gut, dass er mich schmoren lässt, ist eh meine favorisierte Methode, um Fleisch zu garen.

Allerdings bin ich am Arsch, sollte Kuddel behaupten, dass das gar nicht stimmt, was ich gehört habe. Dann, sorry, dann lernt man überhaupt nichts in diesem Buch.

Hier kommt das absolute Spezialwissen. Doktor Duden, halt die Druckpresse an. Ab jetzt wird die Geschichte von Rock 'n' Roll in Deutschland neu geschrieben. Halten Sie sich fest am Geländer Ihrer geistigen Gesundheit.

Achtung:

Bei dem Song *Musterbeispiel* von der Platte *Ein kleines bisschen Horrorschau* ist bei Minute 3 und 24 Sekunden ein Bläsersatz zu hören. Er taucht nur ein einziges Mal auf, obwohl es danach auch noch reichlich Gelegenheit dazu gegeben hätte. Das war es auch schon mit meinem Fachwissen. Ich weiß, ich kann Ihren Applaus des gigantischen Erkenntnisgewinns bis hierher hören. »Da nich für!«, möchte ich ausrufen. Es ist eine Ehre, für Sie zu schreiben.

Mit der Platte *Ein kleines bisschen Horrorschau* verbindet mich eine ganz besondere Geschichte. Ich erinnere mich, dass ich Musik so doll liebte, dass ich sogar beim Rasenmähen mit einem alten Benzinrasenmäher Metallica durch einen alten Sony Walkman hörte. Besonders stolz war ich auf meine Kopfhörer. Das war nämlich ein um den Kopf gebogener Metallstreifen mit im 90-Grad-Winkel abstehenden Kopfhörerlautsprecherkapseln, die direkt in den Ohrkanal drängten. 130 Dezibel Rasenmäher versus 132 Dezibel *Damage Inc.* von Metallica. Mein Vater wurde dadurch in seiner Meinung bestärkt, dass Heavy Metal der größte Schwachsinn ist. Mir war das natürlich egal. Einige meiner Freunde trugen ihre Diagnose Hörsturz (hier ein liebender Gruß an die Madsen-Vorgänger-Band Hoerstuatz) wie Orden des Rocks mit sich herum.

In dieser Zeit des Rasenmähens veröffentlichten Die Toten Hosen ihre Platte *Ein kleines bisschen Horrorschau*. Ich lieh sie mir von einem Freund aus, der sie monatelang jeden Tag auf dem Schulhof zurückforderte. Ich ignorierte seinen Wunsch erfolgreich.

Musik hören bedeutete damals, sein Konfirmationsgeld zu nehmen, zum örtlichen Hi-fi-Dealer zu gehen und sich zu entscheiden, ob man »auf CD umsteigt« oder »doch beim Plattenspieler bleibt. CD setzt sich eh nicht durch!«. Ich entschied mich für Schallplatten. Heute wirke ich dadurch wie ein Gewinner, aber damals war ich einfach nur zu blöd, um mir den Erfolg der CD vorzustellen. Außerdem kosteten Platten 20 Mark und CDs 30 Mark. Und »billiger« ist eine starke Religion in meiner Familie. Vor zehn

Jahren fragte mich eine Freundin, ob es eine gute Idee sei, den Job zu kündigen, um in einer App-Firma anzufangen. »App? Das setzt sich eh nicht durch!«, war meine Antwort. Sie sehen, wenn es um die großen Lebensfragen geht, bin ich ein guter Ratgeber. Was technische Neuerungen angeht, fragen Sie lieber einen Stein.

Man kaufte sich also vom Konfirmationsgeld einen Plattenspieler, einen Receiver, das ist ein Verstärker mit einem eingebauten Radio, und ein Tapedeck mit Dolby-C-Knopf und Loudness-Taste, dann baute man den ganzen Kram in seinem Jugendzimmer auf, was sich von einem Kinderzimmer nur darin unterschied, dass die Tierposter aus der *Medizini* durch Iron-Maiden-Poster ersetzt wurden und es unangenehmer roch. Dann suchte man einen Schlüssel, um das Jugendzimmer abzuschließen, drehte die Musik auf, tauchte ab in ein Meer aus Krach und wartete darauf, dass die Eltern an die Tür trommelten, um zu verdeutlichen, dass man die Musik leiser stellen sollte. Wunderbare Kriege waren das.

Ich hatte mir also die Platte *Ein kleines bisschen Horrorschau* ausgeliehen und hörte sie über Monate. Meiner Geilheit auf das Album vorausgegangen war ein Bericht über das Theaterstück »A Clockwork Orange«, das am Theater in Bad Godesberg aufgeführt wurde, in dem Die Toten Hosen musizierten und auftraten. Punks im Theater. Das fand ich gut und den Film »A Clockwork Orange« von Stanley Kubrick hatte ich schon längst und viel zu früh gesehen und war begeistert.

Jan, Michael und ich hatten, nachdem wir den Film gesehen hatten, sofort eine Jugendgang gegründet. Wir nannten uns »Kings of Violence« und unsere Hauptaufgabe war es, marodierend nachts durch die Dörfer Lamstedt und Hechthausen zu ziehen und Horrorfilme zu schauen, von denen wir damals schon ahnten, wie schlecht sie waren.

Die Kings of Violence lösten sich unausgesprochen auf, als der Erste eine Freundin hatte. Und das war nicht ich. Aber immer weiter lief in meinem Jugendzimmer *Ein kleines bisschen Horroschau*. Meine Eltern waren genervt wegen mir, ich war genervt wegen allem und es ging auf Weihnachten zu.

Man muss dazu wissen, dass ich eine relativ diffizile Beziehung zu Geschenken habe. Ich mag Geschenke eigentlich nicht so gerne. Ich schenke gerne.

En masse. Übertrieben. Und ich kann gut verpacken. Ich kann mit Nagelscheren so kleine Löckchen in farbiges Geschenkband machen, als würden Engel eine Disco auf meinen Geschenken feiern. Das hat mir meine Tante Karin beigebracht. Sie wollen das vielleicht nicht wissen, aber ich will das erzählen. So ist das bei der Kunst.

Ich kann, wie gesagt, jetzt schon wahnsinnig gut Geschenke verpacken, aber mein Traum ist es, vor Weihnachten ein Praktikum in einer Douglas-Parfümerie zu machen, um zu lernen, wie man es richtig hinkriegt. Außerdem sehen die Verkäufer da so elegant aus und riechen so gut. Aber Geschenke bekommen, das ist nicht so meins. Es ist mir unangenehm, dass Menschen sich Gedanken machen, was mir gefallen könnte. Vor allen Dingen, weil sie meistens richtigliegen. Denn ich habe fantastische Freunde, die mir fantastische Geschenke machen. Und dann schäme ich mich und finde das unevangelisch, dass sich Menschen über mich so viele Gedanken machen.

Und dann war Weihnachten. Wie immer schenkte ich meinem Bruder ein Doppelpack der Kassetten der Marke Chrome Maxima II von BASF, und er schenkte mir das Gleiche zurück. Meine Mutter bekam selbst gemachten Schrott, den sie bei ihren Freundinnen mit »Er hat es aber versucht!« beschrieb. Mein Vater bekam ein Buch. Wir Uhlmanns wickeln zu Weihnachten übrigens gerne aus ökologischen Gründen Geschenke in Zeitungspapier ein.

Da ich damals in der Pubertät und verwirrt und anpolitisiert war, wickelte ich meine Geschenke gerne in die Seiten der Zeitung ein, auf denen Bilder von Kriegen, verhungernden Kindern oder Umweltkatastrophen zu sehen waren. Das hob nicht gerade die weihnachtliche Stimmung, und genau so war es ja auch geplant, und ich kann mich noch erinnern, dass meine Mutter einmal sagte: »Kann es nicht einfach mal schön sein bei uns?« Und ich weiß noch, dass ich schnallte, dass sie das ernst meinte, und dass sie recht hatte, und dass es mir dann schrecklich peinlich war für immer. Seitdem glaube ich, dass man Nazis eher mit einem wundervollen Gedicht aufhält und nicht mit einem politischen Lied.

An diesem Weihnachten nach dem Sommer des Rasenmähens und der *Ein kleines bisschen Horrorschau*-Platte schenkte meine Mutter uns allen ein Ticket für das

Neujahrskonzert in Hamburg in der Laeizhalle. Ich rieb mir verwundert die Ohren. Meine Eltern waren sehr wohl Anhänger der Subkultur Bildungsbürgertum, aber ihren Kindern Karten für ein klassisches Konzert zu schenken, das führte doch ein wenig weit.

»Wieso?«, fragten wir sie. Und sie sagte: »Die spielen da immer die 9. Symphonie von Beethoven!« »Ja und?« »Das kommt doch die ganze Zeit aus Thees' Zimmer, und da dachte ich, das hören wir uns mal gemeinsam im Original an.«

Vielen Dank, Tote Hosen. Echt, vielen Dank!

Um Himmels willen. Die kleinen Versatzstücke der 9. Symphonie auf der *Ein kleines bisschen Horrorschau* waren also genug, um uns einen quälenden Familientag in Hamburg zu schenken, mit dem krönenden Abschluss: das klassische Konzert. Vielleicht hatte meine Mutter aber auch einfach damals schon Humor und hat ihren Freundinnen nach Weihnachten erzählt: »Denen hab ich gut gegeben.«

Aus dem Besuch des Neujahrskonzerts in der Laeizhalle sollte eine jahrelange Tradition werden.

In den ersten Jahren trank ich noch nicht so viel, da waren die Konzerte einfach nur verstörend und langweilig. Voraus gingen tagelange Schlachten – und wir reden hier von richtigen, zähen, wütenden Schlachten über Tage – um die Frage »Was zieht man an?«. Ich war der Überzeugung, dass eine total zerfetzte Jeans, ein Kapuzenpullover und rosa Chucks, die aussahen, als ob die vierte russische Panzerdivision darübergefahren sei, genau das richtige Outfit waren, um in der großen Stadt ein klassisches Konzert zu besuchen. »So was wollen die da sehen«, dachte ich. »Und wenn nicht, dann weiß man wenigstens, dass ICH recht hab und DIE Spießer sind!« Mein Gott, was man früher die ganze Zeit für einen prätentiösen Mist gemacht hat, nur um sich selbst zu spüren. Zum Glück wird man älter.

Meine Mutter war der Überzeugung, dass mein Konfirmationsanzug, in den ich nur noch mit einer Mischung aus viel gutem Willen und eingezogenem Bauch reinpasste, ideal war.

Haben Sie schon mal mit Wasserpistolen auf Katzen geschossen? Haben Sie schon mal Verbrennungen mit Mehl eingerieben? Haben Sie schon mal mit ABC-Salbe Zähne geputzt, weil Sie im Dunkeln die Salbe mit der Zahncreme verwechselt haben? So war das. Es war grauenvoll. ES TUT MIR LEID. Und stellen Sie sich das »Es tut mir leid!« so vor, als ob es Norman Bates im *Psycho*-Haus in den ersten Stock zu seiner Mutter ruft.

Als ich dann trank, wurde es noch schlimmer, denn dann saß ich am 1. Januar schwerstens verkatert und hundemüde (Kater und Hund – GENIAL!) in der Konzerthalle. Sofort, wenn das Licht ausging und die ruhige sanfte Musik anfing, wurde ich natürlich in diesem schweren samtenen Opernsessel von meiner Müdigkeit übermannt. Ich habe schon viele Schmerzen in meinem Leben ertragen: barfuß auf einen Legostein getreten, mir die Nagelhaut meterweit hochgezogen bis zur Achselhöhle oder abgewiesen worden mit den Worten »Du bist mir zu dick«. Sie sehen also, ich bin ein Schmerzveteran. Aber nichts war so schmerzhaft wie der Ellenbogen meiner Mutter, den sie mir in die Seite rammte, weil ich bei einem klassischen Konzert, einem geschenkten klassischen Konzert, eingeschlafen bin. Vielleicht schlagen sich Hooligans voller Hass gegenseitig ins Gesicht, weil sie ihre Fußballvereine gegenseitig kacke finden. Aber das ist in Schmerz ausgedrückt nur ein Pusten auf Hornhaut gegen dieses Rammen aus purer Enttäuschung und trauriger Peinlichkeit meiner Mutter, weil sie den

Wunsch hatte, dass es »einfach mal schön ist«. »Bei diesen Toten Hosen hörst du das doch auch. Aber bei mir wieder nicht!« Meine Mutter weiß ganz genau, wie sie Torpedos auf mein schlechtes Gewissen schießt, die alte Kapitänin auf dem Schlachtschiff, das Erziehung heißt.

Wir machten das noch ein paar Jahre und dann gab sie auf.

Aber es ist ja noch mal gut gegangen. An Weihnachten sind wir heute am 24.12. nur noch zu zweit in Hemmoor, und wir finden das wunderbar. Es gibt Essen, das nur einen Zweck erfüllen soll: Es soll möglichst simpel sein und schnell gehen. Viele essen Kartoffelsalat mit Würstchen. Uns ist das zu aufwendig. Wir essen kalten Fisch auf Brot, und wir mögen das so. Wir schenken uns tolle Sachen inzwischen. Ich habe neulich ein Nudelsieb bekommen, und ich schenkte ihr eine Blumenvase. Es gibt schon nachmittags Sekt und dann reden wir uns in die Nacht. Und dann hören wir im Hintergrund immer die 9. Symphonie von Beethoven, krachend laut. Und es ist seltsam, aber es ist wahr: im Hintergrund und krachend laut.

Ich weiß noch, wie Campino einmal irgendwo in einem Interview meinte, dass er als Kind Angst vor klassischer Musik hatte, weil sie ihm zu groß und zu dunkel war. Ich weiß ganz genau, was er damit meint.

Irgendwann geht meine Mutter ins Bett, und sie sagt »Mach nicht noch zu lang!« und ich sage »Nee, nee!«. Und sie sagt »Ist richtig!«. Und dann höre ich Die Toten Hosen. Gib mir *Mehr davon*.

TREVOR

Trevor ist sechzig und aus England und so ein Typ, der einem, wenn man wie ich als Norddeutscher in der Berliner Diaspora lebt und liebt, den Arsch retten kann. Das fängt schon mal bei seinem Namen an. Trevor Wilson. Mit so einem Namen ist man schon zu Coolness und Ruhm verdammt. Er ist wie ein geheimer Angestellter der Vereinten Nationen, der den Engländern erzählt, wie die Deutschen sind, und der uns hier in Deutschland die englische Kultur näherbringt.

Aber eigentlich ist Trevor nur mein Freund.

Er ist ein urgewaltiger Typ. Er macht seine Bratwurst selbst, ist ein hinreißender Vater, und seine beiden sehr wohlerzogenen Töchter kennen jetzt schon Wörter, die englische Dockarbeiter peinlich berührt erröten und zu Boden schauen lassen würden.

Wenn Trevor per E-Mail Freunde zum Grillen während der Fußball-Weltmeisterschaft einlädt, liest sich das so: »Einen Basisbedarf an Bier, Wein und Wurst aus Europa haben wir bereits, gern könnt ihr etwas selber mitbringen, aber eure beschissenen Nudelsalate könnt ihr wie immer zu Hause lassen.« Toll! Da fühlt man sich wahr und aufgenommen. Er hasst die Queen, er hasst Hippies, Bärte und Konservative. Eigentlich möchte man selber von Trevor gehasst werden, weil es sich so schön anhört, wenn er darüber redet, wen er warum hasst.

Trevor hat mit einem Freund zusammen die größte Sammlung von Schallplatten, auf denen es thematisch nur um Fußball geht. Und im Internet kann man unter http://www.fc45.de/ diese Sammlung bestaunen. Es lohnt sich. Ich mag Leute, die sammeln. Ich mag es, wenn Leute akribisch sind. Ich sammle leere Weinflaschen österreichischer Winzer, die ich persönlich kenne, und die ich persönlich ausgetrunken habe. Also die Flaschen jetzt. Ist klar.

Ich lernte Trevor kennen, als unsere Kinder noch Ballett lernen wollten. Wir halfen gemeinsam in der Umkleidekabine unseren Töchtern in die Tutus und die Ballettschuhe, und ich wunderte mich über die Stimme von der anderen Seite der Kabine: »Hey, kid one, for gods sake! Why can't you sit still for ten seconds?« »Hey, kid two, hurry up and get your arse in gear!« Diesen Mann musste ich kennenlernen. Das tat ich. »Sollen wir vielleicht ein Bier trinken, während die Kids sinnlos hopsen?«, fragte er mich, und ich sagte zum Glück: »Ja!«

Bier trinken, während die Kids einem Hobby nachgehen, das fand ich wunderbar, und ich lernte, bei Trevor nicht alles bierernst zu nehmen, wenn es um Pädagogik ging. Eher sogar bierfröhlich. Trevor bestellte das zweite Bier, als ich das erste ansetzte, und nach Ablauf der Ballettstunde gingen wir fröhlich angeregt mit unseren Kindern durch Kreuzberger Straßen und sangen niedliche Kinderlieder und schmutzige Punksongs. Es war eine schöne Zeit, bevor »Du bist so peinlich!« der häufigste Satz war, den man von seinem Kind hört.

Ich lernte Trevor also beim Ballett kennen, und ich lauschte gerne seinen Geschichten. Er hatte in den Achtzigern in Berlin ein Fanzine, das auf den Namen *Ich und mein Staubsauger* hörte. Er handelte mit Kassetten von illegal mitgeschnittenen Konzerten. So was hieß damals Bootlegs. Mein Gott, was man heute alles dazu sagen muss.

Trevor lud Leute ein, um original Englisches Curry für uns zu kochen, und sagte: »Deutsches indisches Essen schmeckt wie an old ladies' piss! Hier, iss das. Da hast du drei Tage was von!« Er sollte recht behalten. Wir schauten Spiele seines geliebten Fußballclubs Arsenal FC über einen englischen Sky-Account. Zu seiner geliebten Hertha in Berlin ging er zum Glück immer ohne mich. Er sitzt dort im Familienblock, in dem nicht geraucht werden darf. Und wenn da jemand raucht, dann beschimpft Trevor die Raucher so doll, dass ich mir vorstellen kann, dass Trevors Wortwahl jugendgefährdender ist als eine Stange Marlboro.

Trevor ist in sich als Gesamtkunstwerk schon ein Argument gegen den Brexit. Wir brauchen mehr schöne Menschen wie ihn, die zwischen der Insel und Deutschland frei hin und her reisen können. Wenn ich Europapolitiker wäre, würden Menschen wie Trevor umsonst fliegen können, weil ihre Funktion als Wandler und Vermittler zwischen den europäischen Welten in Geld gar nicht aufzuwiegen ist. Aber leider hören noch viel zu wenige Menschen auf meine Klugheit und Weitsicht.

Irgendwann erzählte mir Trevor davon, dass er Die Toten Hosen kennt, und dass sie mal ein Benefizkonzert für sein Fanzine gespielt haben, und dass er für sie im Gegenzug ein Konzert in Ostberlin organisiert hat. Und diese Geschichte ist so wunderbar, dass ich sie einfach erzählen möchte, und zwar in der beliebten journalistischen Form des Interviews.

Meine Damen, meine Herren, liebe Punkrocker, das Warten hat sich gelohnt:

»Trevor Wilson!«

Ich: »Lieber Trevor, was sind deine ersten Erinnerungen an Punk?«

Trevor: »Das Erste, an was ich mich erinnere, war ein Bericht in der Tageszeitung über Punk. 1976 ist die erste Ramones-Platte erschienen und die haben wir alle gehört. Ich hatte Karten gekauft für die erste Sex Pistols-Tour. Für die ›*Anarchy in the U.K.*‹-Tour in Essex. Aber nach dem Fernsehauftritt in der *Today Show* von Bill Grundy wurden viele Konzerte und auch das in Southend-on-Sea abgesagt.

Wir waren damals alle Doctor Feelgood-Fans und dann hieß es plötzlich ›Punk‹. Und wir dachten:

›Vielleicht sind wir das dann auch!‹ 1977 sah ich The Stranglers und The Damned und es war großartig. Und The Clash haben in meiner Heimatstadt gespielt. Chelmsford in Essex! Das war die ›*White Riot*‹-Tour. Danach hab ich, außer den Pistols, alles, was Rang und Namen in der Punkszene hat, gesehen.«

Ich: »Wie bist du nach Deutschland gekommen?«

Trevor: »Ich hatte Ferienjobs, als ich noch in der Schule war. In einem Hotel von Bekannten meines Vaters. Da habe ich Leute aus Deutschland kennengelernt, und so bin ich für eine Sommersaison nach Deutschland gegangen, um da zu arbeiten. Südlich von Bonn am Rhein. Alle Leute, die ich da kennengelernt habe und die keinen Bock auf die Bundeswehr hatten, sind nach Berlin gegangen, und dann bin ich 1982 da auch hin. Für zehn Tage. Winterfeldtplatz, Randale, Hausbesetzung. Das war geil. Ich bin kurz zurück nach England gefahren, hab auf Bestellung Magic Mushrooms gepflückt und getrocknet. Die habe ich in zwei Plastiktüten nach Deutschland über die Grenze gebracht, verkauft und dann hatte ich ein paar Tausend Mark zusammen, um in Berlin anzufangen. Deutsch habe ich mir selbst beigebracht.«

Ich: »Was ist das Erste, was du von den Toten Hosen mitbekommen hast?«

Trevor: »Ich hab mal ZK gesehen. Vielleicht 1981. Ich war in einer Band und wir haben in verschiedenen Läden in NRW gespielt, dem Ratinger Hof und dem Okie Dokie in Neuss. Und ZK habe ich im Okie Dokie als Vorband gesehen, als Campino Trompete gespielt hat.

Ich kenne sie dann von den ersten Singles, *Bommerlunder* und *Reisefieber*. Die hab ich 83 gekauft, ein Freund von mir war in einer Band, die Serious Drinking hieß. Die haben in Berlin gespielt und bei uns gepennt, und Die Toten Hosen waren mit dabei. So haben wir uns kennengelernt.

1986 haben Die Toten Hosen im KOB in der Potsdamer Straße gespielt. Ich hatte damals ein Fanzine und da habe ich Campino am Tresen interviewt. Wir haben festgestellt, dass wir beide eine Leidenschaft für obskuren England-Punk haben. Und dann haben wir uns auch abseits von Interviews unterhalten.«

Ich: »Hattest du ein Gefühl dafür, dass Die Toten Hosen Erfolg haben werden?«

Trevor: »Das mit dem Erfolg war klar. Das hat einfach von vorne bis hinten gestimmt. Die haben sich langsam bekannt gemacht. Ich weiß nicht, ob das eine Strategie war. Die hatten eine Fanbase. Vielleicht haben sie am Anfang nicht so viele Schallplatten verkauft, aber die Konzerte waren immer sehr gut.

Damals hat man ja noch von Schallplattenverkäufen gelebt, aber die nicht. Die waren süchtig nach Konzerten. Jedes Konzert von denen war fantastisch. Man konnte das erahnen. *Opelgang* war einfach ein Meisterwerk. Eine Band, die so schräg war, hat trotzdem den Mainstream erreicht, ohne Mainstream zu sein. Das war gut. Niemand konnte damals wissen, dass die länger unterwegs sein würden als Status Quo.

Und ich bin immer noch der Meinung, dass Musiker mit dreißig aufhören sollten. Merk dir das, Thees. Hahaha!«

(Vor acht Tagen wurde ich 45!)

Ich: »Wie ist es zum Konzert der Toten Hosen in Ost-Berlin gekommen?«

Trevor: »Wir sind mit meinem Fanzine verklagt worden wegen Verleumdung. Es gab keine Verurteilung, aber wir sind auf den Prozesskosten sitzen geblieben. Deswegen habe ich Die Toten Hosen gefragt, ob sie ein Benefizkonzert für *Ich und mein Staubsauger* in Berlin spielen können. Sie haben sofort ›Ja!‹ gesagt, wollten aber als Gegenleistung, dass wir für sie ein Konzert in Ost-Berlin organisieren. Und da haben wir nur gesagt: ›Kein Problem!‹ Wir hatten gute Beziehungen zur DDR-Undergroundszene, auch durch meinen Freund Marc Rieder und mein Fanzine. Wir waren häufig in der DDR und Marc hatte schon mal ein Konzert für Die Toten Hosen da organisiert. Außerdem lernten wir einen amerikanischen Soldaten kennen, der eine große Liebe für Punk hatte und Ami-Punk im Besonderen. Black Flag und so was.

Militärpersonal wurde damals nicht kontrolliert auf dem Weg in den Osten, sondern nur auf dem Weg zurück, ob man Flüchtlinge oder Nahrungsmittel mit dabeihatte. Hat uns aber auch nicht groß gestört. Zumindest, was Nahrungsmittel anging.

Wir hatten einfach ein gutes Netzwerk, aber wie wir später rausbekommen sollten, auch alle eine Stasiakte. Im Nachhinein muss man auch einfach sagen, dass die Stasi wusste, dass wir kommen. Wir haben aber alles akribisch geplant. Die Band ist nicht zusammen angereist, sondern jeder kam über andere Grenzübergänge. Campino ist an einem Grenzübergang abgewiesen worden, weil er rote Haare hatte. Dann hat er sich eine Mütze übergezogen und ist einfach beim nächsten Grenzposten nach Ost-Berlin gegangen. Das hat dann geklappt. Kuddel hatte Angst, dass er als Linkshänder keine brauchbare Gitarre im Osten bekommt. Und so haben wir seine Linkshändergitarre im Auto, mein Freund in Armyklamotten und ich in Anzug mit Krawatte, über die Grenze gebracht. Nachmittags haben wir die Leute getroffen, die das Konzert in der Kirche organisiert haben. Mein Kumpel hatte als Militär einen Umtauschkurs von 1:8. Wir haben den Organisatoren einen Umschlag mit Geld gegeben, damit sie Leute schmieren konnten, falls es Probleme gibt. Wir hatten ja noch Geld vom Konzert über, das eigentlich unser Benefizkonzert war. Als Allererstes sind wir zum ›Haus Ungarn‹ gefahren. Das war damals eines der edelsten Restaurants des Staates, und wir haben für die After-Show-Party einen Tisch für zwanzig Leute reserviert. Das kam schon mal überhaupt nicht gut an.

Dann sind wir zur Kirche nach Pankow gefahren, die heute an der Elsa-Brandström-Straße liegt. Die Vorband war Die Vision. Deren Equipment haben wir benutzt. Viel später stellte sich dann raus, dass ausgerechnet der Sänger von Die Vision Stasi-Spitzel war. ›IM-Arschloch‹, wenn du mich fragst. Das Konzert wäre fast geplatzt. Der Pastor hat kalte Füße bekommen, als er mitbekam, dass eine West-Band bei ihm spielen soll. Wir haben ihm gesagt, dass Die Toten Hosen eigentlich aus Dresden kommen und dass, wenn er jetzt das Konzert absagt, wir für nichts garantieren könnten und dass ihm die Punks wahrscheinlich einfach die Kirche anzünden. Das Konzert fand dann auf dem Vorplatz statt. Es waren 400–500 Leute da und es war der Wahnsinn. Seitdem waren Die Toten Hosen im Osten Kult.«

Ich: »Wie seid ihr wieder zurückgekommen in den Westen?«

Trevor: »Keine Ahnung. Ich war zu besoffen.«

Und dann zeigt mir Trevor noch Bilder beider Konzerte. Die Vorband im Blockschock waren Die Kinder mit einem sehr jungen und damals schon hübschen Alec Empire, der später dann durch Atari Teenage Riot viele Menschen beeindrucken und um ihr Gehör bringen sollte.

Campino hatte auf dem Konzert in Ost-Berlin schon damals einen großen, kreisrunden F95-Aufnäher auf seiner Jeansjacke. Trevor sagt: »Look! Untätowierte Tote Hosen!«

Die Leute auf den Bildern in Ost-Berlin sehen gar nicht so anders aus als wir damals in Nord-Niedersachsen. Ich sage zu Trevor, dass diese Bilder, wenn man sie in vier mal vier Meter auf Leinwand ziehen würde, gut in das »Museum der deutschen Kultur« passen würden. Und dann ist es komisch. Nach einer für Trevor untypisch langen Pause antwortet er: »Ja. Das stimmt. Da hast du recht.«

Von einem Engländer in Deutschland recht bekommen. Mehr geht auch einfach nicht.

PATRICK ORTH

Es gibt in meiner Wohnung einen Ort, der Küche heißt. Das können viele sagen in Deutschland. Aber bei mir ist das anders. Wenn Freunde mich fragen, was ich heute Abend mache, und ich dann »Küche« zurückschreibe, wissen sie genau, was los ist. An der Fensterseite steht ein kleiner Tisch, an dem drei Menschen Platz haben, an dem aber auch schon mal vierzehn Leute standen. Den kleinen Tisch mit den wunderschönen Stühlen, die dazu passen, hat mein Freund Jens mir geschenkt. Wenn ich Freunden von Jens erzähle, nenne ich ihn immer »den Kindergartenvater«. Er heißt Kindergartenvater, weil ich ihn nur kenne, weil unsere Kinder in den gleichen Kindergarten gingen. Die haben sich mit eineinhalb Jahren zum ersten Mal gesehen, sich umarmt und dann eigentlich nicht mehr losgelassen, bis heute. Jens hat im Gegensatz zu fast all meinen anderen Freunden einen richtigen Beruf: Er sorgt dafür, dass in der Bundesregierung die Computer rundlaufen, und achtet darauf, dass da keiner Schmuddelseiten aufruft.

Außerdem habe ich eine gute Freundin, die ich nur »die Reitmutter« nenne. Uta heißt die Reitmutter, weil sie die Kids und uns am Wochenende immer in ihrem Peugeot 501 Cabrio Modell »Roland Garros« zum Reiten gefahren hat. Unsere Gesellschaft ist ja so schön sexuell durchgeballert und wittert überall fickificki, deswegen machen alle große Augen, wenn ich von der Reitmutter spreche. »Warum warst du denn heute Morgen schon um halb neun wach?«

»War mit der Reitmutter beim Reiten!«

Dieses »zum Reiten fahren« nahm in den letzten Jahren wirklich einen riesigen Platz in meinem nachdenkenden Hirn ein. Da ist als Allererstes natürlich diese Freude, die man in seinem Herzen empfindet, wenn das eigen Fleisch und Blut auf einem Gaul sitzt. Dieses mutige Lächeln, der Stolz, über etwas Kontrolle zu haben, das viel größer und mächtiger als man selbst ist. Fünfhundert Kilogramm Pferd gegen fünfundvierzig Kilogramm Mädchen. Und wie sie dann ihre Runden ziehen, im Sattel so seltsam hüppeln und nach der Reitstunde die Pferde stolz am Zügel wieder vom Reitplatz ziehen, um sie festzubinden, mit dem frohen Gefühl, etwas geschafft zu haben. Schön. Wir sind also mit dem Cabrio samstagmorgens gefühlt viereinhalb Stunden den Tempelhofer Damm runtergefahren, bis es nicht mehr weiterging. Und wenn es über vier Grad warm war, haben die Kinder sofort krakeelt: »CA-BRI-O CA-BRI-O!«, und ich habe zurückgeschrien: »Ihr Achtzigerjahre-Popperschweine. Wir hassen Cabrios!« Aber da hatte Uta schon lange das Verdeck zurückgeklappt, und ich fuhr, mein voluminöses Haupthaar im Wind flatternd, gen Südosten. Weil ich so groß bin oder das Auto so klein, schaute das oberste Drittel meines Kopfes aus dem Auto raus. Das sah schon mal so peinlich aus, dass viele Menschen uns lachend ansahen. Es gibt eine feine Linie zwischen Lächeln und Lachen – und ich kenne sie. Am Montag liegen die Kids wieder krank im Bett, aber Hauptsache man ist Cabrio gefahren. Hauptsache das Gefühl von Freiheit.

Auf dem etwas heruntergekommenen Reiterhof wurde ja allerlei gemacht: geritten, geführt, aber auch geputzt. Und zwar die Tiere. Aber wie sollen denn so kleine Mädchen ein schlammverschmiertes Tier, dessen Fell wahrscheinlich die Quadratmetergröße eines Fußballfeldes hat, alleine putzen? Also musste ich das machen. Herrlich. Macht man ja alles, damit die Jungvorderen sich freuen können und ein Hobby haben. Die Pferde waren so hohl oder kaputt vom Leben oder einfach auch nur so durch, dass ich glaube, dass die kein Reitkommando von den Kids wahrgenommen haben, sondern einfach stumpf dem Geruch des Hinterns des vor ihnen trabenden Pferdes nachgelaufen sind. Ein Trauerspiel.

Wenn die Kids auf den Kleppern gesessen haben, sind die Reitmutter und ich vom Pferdehof gegangen, weil da gegenüber so ein kleines Flachdach-Shoppinghaus hingebaut worden war, was wirklich nur in Orten gebaut wird, wo die Hoffnung schon lange nicht mehr angeklopft hat. Da gab es einen Imbiss, den Rach, der Restauranttester, auf Vordermann gebracht hatte, der aber schon wieder komplett auf null war und nur die örtlichen Tagestrinker beherbergte. Daneben war ein Getränkemarkt, der die Trinker beherbergte, die keinen Bock mehr auf den Imbiss hatten, daneben ein Geldautomat hinter einer Glastür, daneben ein Nagelstudio – meine Erfolge mit Frauen sind rar gesät, aber ich schwöre, dass die Frau, die da gearbeitet hat, einmal rausschaute, als ich vorbeiging, und mich mit einer Mischung aus »Irgendwoher kenne ich dich« und »Hol mich hier raus!« anblickte. Ich habe mich allerdings nicht getraut, mir die Nägel machen zu lassen. Und daneben war ein Supermarkt und der hieß Norma, den haben die Reitmutter und ich geliebt. Dieser Norma war eine Mischung aus Sonderpostenmarkt und Aldi Ende der Achtzigerjahre. Grandios also. Es gab die normalen Aldiprodukte, Dosenmilch, raues Klopapier, Kräuterschnaps von unbekannten Firmen, Fleisch in Plastik und Kartoffeln in großen Säcken. Aufgefüllt wurde das Sortiment aber durch ein so undurchschaubares Konvolut aus Discountartikeln jeglicher Sparten und in jeglichen Sprachen. Gewürzsaucen mit kyrillischen Buchstaben? Haben wir. Duschvorhänge mit Automotiven? Haben wir. Kinderbücher im Handyformat? Haben wir. Gewürzöle mit den Geschmacksrichtungen Herrenabend und Ladiesnight? Haben wir natürlich auch. Und sie hatten auch eines der schönsten Dinge, die ich jemals gesehen habe: Březňák Bier aus Tschechien in Zwei-Liter-PET-Flaschen im Sechserpack. Mit einem Griff in die Plastikschlaufe des

Sixpacks hatte man also zwölf Liter Bier in der Hand. Diese Flaschen sahen so überdreht und seltsam aus, lagen aber so charmant und asozial in der Hand, dass es Liebe auf den ersten Blick war.

Im Kühlschrank sehen sie cool aus, und Freunde staunen, wo man diesen wundervollen Artikel denn schon wieder gefunden hat. Außerdem schmeckte das super. Und hier, DJ Dosenpfand, Jürgen Trittin, wenn du das liest: Ich kann die Flaschen an jedem Automaten abgeben. Das hast du gut gemacht.

Dieses Gefühl, etwas total Abgedrehtes zu kaufen, hat mir immer sehr viel bedeutet. Auch die Antwort auf die Frage: »Was hast du gestern noch gemacht?«, bekam durch Březňák Bier eine ganz neue Bedeutung, wenn ich sagte: »Eigentlich nichts. Nur noch Küche und drei Bier!«

Und wissen Sie, was ich dann mache in der Küche mit dem Bier? Dann lasse ich mich treiben, dann geht der SMS-Verteiler an, und dann bin ich froh und schreibe alten Freunden und denke nach. Ich denke darüber nach, was ich in der Wohnung verschönern könnte, und weiß, dass ich das eh nie machen werde. Bei anderen gefällt mir Schönes sehr, für mich selbst hingegen ist es nicht wichtig. Ich finde Bier in einer Zwei-Liter-PET-Flasche schöner als eine schöne Lampe aus den Siebzigern.

Und dann rufe ich meine Mutter an, weil ich immer am Wochenende mit meiner Mutter telefoniere, und ich hoffe, dass sie nicht bemerkt, dass ich schon etwas Bier getrunken habe, und dann quatschen wir einfach. Nicht diese intensiven Scheißgespräche, die Kinder in einer ständigen emotionalen Geiselhaft der Eltern halten, sondern wir labern einfach: »Und warst du mal wieder beim Schlachter?« »Gut, wie läuft es in der Volkstanzgruppe?« »Nee, du, die SMS, die du geschickt hast, ist nicht angekommen.« »Jaaaaa machen wir, gucken wir uns wieder beim nächsten Mal in Hemmoor an!«

Und Sie müssen wissen, dass ich mit einer Frau telefoniere, die mal in einem Telekomshop gesagt hat: »Ich hätte gerne ein Telefon mit SMS, aber ohne Internet.«

Und immer wenn wir Tschüss sagen, sagen wir nicht Tschüss. Wir sagen das hoch und häufig. »Tschüss Tschüss Tschühüüüss Tschühüüs!«, und dann bin ich so froh über dieses Telefonat und aufgeregt, dass ich mich gut mit meiner Mutter verstehe, und dann brauche ich erst mal einen Schluck Bier. Ich betrachte meinen Schrott und bin happy, weil alles genau so sein soll. Ein alter Baumwollzweig, noch mit Wolle dran, weil meine Mutter mal gesagt hat: »Hier, sieht doch schön aus. Den krist noch nicht mal du kaputt.« Daneben ein großer Strauß aus verschiedensten akkurat nachgebauten Pflanzen und Blumen, und dazu hat sie dasselbe gesagt. Und ich freue mich, dass das hässlich und schön zugleich ist, weil mich richtig schöne und richtig hässliche Dinge einfach nicht interessieren.

Und dann schaue ich auf meine sinnlosen Kochbücher, die ich aber trotzdem liebe, einfach nur weil sie da sind. Ich denke an meine Vorratskammer, die zu fünfzig Prozent gefüllt ist mit Sachen, die ich mal gekauft habe, weil ich dachte: »Damit könnte man doch auch mal was kochen!« Und das ist sogar noch gelogen, denn in Wahrheit habe ich gedacht: »Wenn du damit was kochst, dann bist du gut!« Und dann schaue ich auf den Kühlschrank, an dem alles hängt, was mir etwas bedeutet: Die Hochzeitskarte von Timur und Katta, die Klassenbilder aus der dritten und vierten Klasse, die Preisliste eines Pizzabringdienstes, den ich nie anrufen werde, und dann ist da die Weihnachtskarte der Familie Orth. Patrick Orth kümmert sich um die seelischen, körperlichen und geschäftlichen Belange der deutschen Punkband Die Toten Hosen.

Ich traf Patrick Orth zum ersten Mal, als wir mit meiner Plattenfirma von unserem ersten in das zweite Büro umzogen. Das erste Büro war so klein wie die Küche, in der ich das hier gerade schreibe. Es gab damals nur ein Internetkabel und deswegen ließen wir dieses zwischen Reimer, Marcus und mir rumgehen. Wir regelten das mit dem Weckerprinzip: Alle dreißig Minuten schrillte ein alter Küchenwecker und dann musste man das Kabel aus seinem Computer reißen, um es dem Nächsten zu geben, ganz egal, was man gerade tat.

»Eh Thees, ich lade gerade ernsthaft bei der Druckerei dein Plattencover hoch!«

»Mir egal, Wiebusch, ich habe um drei ein Date im Allegra-Chat!«

Das waren ganz normale Sätze damals. Dann zogen wir in das neue Büro. Wir hatten die erste Kettcar- und die dritte Tomteplatte für unsere Verhältnisse unfassbar erfolgreich rausgebracht, und eines Tages klingelte das Telefon. Jemand sagte: »Hallo, mein Name ist Patrick Orth. Ich bin bei JKP und arbeite mit den Toten Hosen. Ich würde gerne mal bei euch vorbeischauen und gucken, wie ihr das so macht!« »Das finde ich gut!«, sagte ich. »Bis gleich!«

»Gleich kommt Patrick Orth vorbei, der arbeitet bei JKP und mit den Toten Hosen, und der will sich mal angucken, wie wir das so machen!«, informierte ich alle. Mein Freund Reimer schaute mich entgeistert an und sagte: »Ich brauche doch keinen Düsseldorfer, der guckt, wie wir das machen! Da hab ich keinen Bock drauf!« Man sollte wissen, dass Reimer solche Sätze immer so ausgesprochen hat: »Do hap ich kaiiiiiin Bock auf!« Und man sollte wissen, dass Reimer aus einer alten hanseatischen Walfängerfamilie kommt, die sich auch schon aufgeregt hat, dass in den Siebzigern das Pottwalschießen vor Wangerooge verboten wurde. Weiterhin sollte man noch wissen, dass Reimer in Kneipen sagt: »Zwei Bier. Was du trinkst, weiß ich nicht.« Und: »Früher war geiler. Heute ist auch geil, aber früher war geiler!« Und er sagt auch: »Wenn ich deine Meinung hören will, dann sag ich dir das!« Ein Mensch also, der dem Schönen, Warmen und Wahren zugeneigt, über jeden Zweifel erhaben ist und Kommunikation jedweder Art zu allen Zeiten zu schätzen weiß.

Patrick kam also in unser Büro, und ich war wahnsinnig stolz. Dass sich jemand von einer der größten deutschen Bands für unsere kleine Klitsche interessierte, das hat mir damals viel bedeutet, und das bedeutet mir heute immer noch sehr viel und hat mir Kraft gegeben für alle Täler und Höllen, die noch kommen sollten. »Wenn der sich interessiert, dann kann es so falsch nicht sein«, dachte ich, denn die Angst um alles war ein treuer Begleiter in diesen Tagen. Außerdem brauche ich immer Themen, über die ich mit meiner Mutter am Telefon labern kann.

»Der Manager von den Toten Hosen war heute da, Mutter!«

»Und der von den Ärzten?«

Scheitern, scheitern kann man nur im Alltag.

Ich schnappte mir Patrick, wir gingen nach unten und tranken einen Kaffee. Ich musste mich sehr zusammenreißen, vor Aufregung nicht sofort ein Bier zu bestellen. Ich erzählte ihm, dass uns niemand bei den Majors haben wollte, und wir deswegen beschlossen hatten, es selber zu machen. Er meinte, dass er selbst jahrelang bei großen Plattenfirmen gearbeitet hatte und er das gut fand, dass wir das alleine machten, weil

Die Toten Hosen das auch irgendwann einfach allein gemacht haben.

Und dann hat er eine Sache gesagt, die ich nie vergessen werde. Er sagte: »Jetzt pass mal auf, ich finde gut, was ihr macht. Und ich finde dich gut. Wenn in Zukunft jemand sagt: ›Hier, unterschreib das mal. Das ist gut für euch!‹, dann rufst du mich an. Dann unterschreibst du das nicht, egal, was die sagen, sondern du rufst mich an. Du bekommst jetzt die Erlaubnis, mich zu jeder Tages- und Nachtzeit anzurufen. Du erzählst mir dann, worum es geht, und ich sage dir, was ich davon halte. Hauptsache ist, ihr unterschreibt nicht einfach irgendwas. Und so was sage ich nicht zu jedem.«

Menschen wie ich machen immer noch Musik, wegen Sätzen wie diesen. Außerdem war das so geil mafiamäßig. Und es war so, wie man früher sagte: ein Schwur unter Männern. Ich hab auch schon Schwüre mit Frauen gemacht. Die waren dann aber anders. Und dass es manchmal anders ist, das ist dann ja auch geil.

Das ist der Tag, der unsere Freundschaft besiegelte, die bis heute anhält.

Was er nicht wusste: Sein Telefon sollte über Jahre nicht stillstehen. Es waren nicht so sehr die Plattenfirmenfragen. Es waren mehr Fragen über mich. Wie ich weitermachen sollte, ohne mich zu verlieren. Wie man Vater ist, während man Musik macht. Warum man denkt, dass alle erfolgreicher sind als man selbst, und dass man schon alleine Angst vor diesem Gedanken hat. Seine Antwort war: »Thees, Erfolg an sich ist doch überhaupt kein Wert. Schau doch mal, wie weit du mit deinem Schrott schon gekommen bist, den du machst. Und schau dir mal an, wie weit wir schon mit unserem Schrott gekommen sind. Das ist noch viel größerer Schrott. Und eine Liebe wird immer eine Liebe sein und bleiben. Und Hass ist nicht das Gegenteil von Liebe. Aber Erfolg hat eine negative Seite. Und die heißt Misserfolg. Das darf man nicht vergessen!« Wie kann man so einen Menschen nicht in den Mund nehmen wollen?

Ich war mal für achtundvierzig Stunden, als es mir schlecht ging und ich mit allem gehadert habe, bei Universal Music. Gute Leute, tolle Menschen, super Label mit wahnsinnig vielen tollen Bands. Und ich war da. Für achtundvierzig Stunden.

Ich rief Patrick an und fragte, was er davon hält, und er sagte: »Wenn du das machst, dann schließt du eine Wette auf dich selbst ab. Dann wettest du darauf, dass du sehr erfolgreich wirst.« »ALTER, ich mache ja noch nicht mal mit bei diesen Tipico-Sportwetten, weil ich das nicht aushalte«, sagte ich, und er antwortete: »Dann mach nicht. Wir sind ja auch noch da!«

Ist das nicht einfach nett? Wie so ein Satz aus der Nachbarschaft, wenn jemand sagt, dass sie Angst haben in den Urlaub zu fahren wegen Einbrechern. »Wir sind ja auch noch da!« Blumen gießen im Tal der Angst vor dem eigenen Untergang.

Ich hatte also Patrick Orth kennen und lieben gelernt. Er ist genauso, wie ein Musikmanager sein muss. Souverän und unbeliebt bei Menschen, die mit ihm Geschäfte machen müssen, und der Rest, der nichts von ihm will, liebt ihn. Schwere Ketten klimpern, wenn er auf einen zukommt, und die großen silbernen Ringe blenden einen, kurz bevor er einen umarmt. Gruselige Tätowierungen zieren seine Arme, und er trägt zu einem kahl geschorenen Kopf einen langen Bart, weswegen wir ihn einmal den »Mudschahedin von der Kö« getauft haben. Er hat sich darüber sehr gefreut. Genial.

Immer wenn Patrick Orth in der Öffentlichkeit mit einem redet, versucht er Menschen, die ihn kennen, einander vorzustellen, weil er möchte, dass Menschen, die er mag, sich auch gegenseitig kennen. Wie edel und gleichzeitig nachhaltig.

Ich wollte mir mal was gönnen und fuhr zum ersten Konzert der Broilers, das in der Philippshalle in Düsseldorf stattfand. Auch die Broilers wurden von Patrick Orth gemanagt. Die Broilers sind eine Band aus Düsseldorf-Garath. Das ist der schönste Stadtteil von Düsseldorf. Sie sind schwersttätowiert und schwerst in meinem Herzen. Als ich Sammy, den Sänger, zum ersten Mal traf, sagte der: »Du bist doch auch Springsteen-Fan!« Der Rest ist ein Orkan aus Liebe und Zuneigung. Sie spielen eine Mischung aus Oi, Punk und Rock 'n' Roll. Das hört sich männlich an. Ist es auch. Aber Bass spielt in dieser Band Ines Maybaum, und sie schafft es durch ihr wunderbares Spiel und ihre Präsenz der ganzen Sache eine Leichtigkeit zu geben, als würden alle im Männer-Publikum nachfragen: »Ist das okay, dass wir gerade so sind?« Und Ines sagt: »Ja!

Das ist okay so!« Und dann drehen alle zusammen durch, als hätte es Geschlechter nie gegeben.

Ich wollte unbedingt hingehen, weil es für mich bis heute nichts Schöneres gibt, als dabei zu sein, wenn befreundete Bands große Momente haben. Ich war der Einzige ohne Tattoos, die Leute flippten aus, weil sie merkten, dass sie bei etwas Großem dabei waren, und es gab ordentlich was zu trinken. Ich hatte mir sogar ein tolles Hotelzimmer organisiert, aber irgendwie kam es dann, dass Patrick meinte: »Du pennst heute Abend bei uns!« So was schlägt man nicht aus.

Die Orths wohnen in einer wunderschönen Wohnung, die gleichzeitig klein und groß ist. Ich konnte sie aber nur kurz sehen, weil wir sofort mit einem riesigen alten Hund nachts noch spazieren gehen mussten.

Nach dem nächtlichen Spaziergang legte ich mich zum Schlafen in ein Kinderzimmer neben quietschende Meerschweinchen, die offensichtlich ganz aufgeregt waren, dass jemand so Berühmtes wie ich neben ihnen schlief.

Morgens erwachte einer der drei Söhne, erweckte seine zwei Brüder, und sie begutachteten, was die Rockmusik wieder an die Gestade ihres Kinderzimmers gespült hatte. Früh aufstehen war für mich noch nie ein Problem, und so schaute ich nach oben in drei interessierte Gesichter. Sie fragten: »Machst du auch Musik?« Ich sagte fröhlich in den Raum, den Ruhm erwartend: »Ja!« »Bist du auch berühmt?«, fragten sie weiter, und da ich noch mit dem Mut der letzten Nacht gesegnet war, sagte ich wieder »Ja!«. Sie steckten kurz ihre Köpfe zusammen und sagten dann: »Aber nicht so berühmt wie Marteria. Den kennen wir nämlich auch.« So wurde ich morgens um acht erst mal von drei Pimpfen auf den Boden der Tatsachen zurückgeholt. Vielen Dank!

Und dann ist wieder Weihnachten, und es gibt wieder die Weihnachtskarte der Orths mit saisonalen Grüßen. Patricks Frau sieht wundervoll aus, was Männern wegen ihrer Grobschlächtigkeit nie gegeben sein wird. Patrick sieht cool aus auf der Karte und stolz, dass er das schafft und geschafft hat. Alles. Das eine und das andere. Und drei größer werdende kleine Söhne schauen einen an, nicht genervt, sondern fast so, als könnte man an ihren Gesichtern ablesen: »Wir machen das jetzt. Vielleicht freuen sich ja ein paar Punks über diese Karte!« Und das ist ein reflektierter, fast schon zärtlich erwachsener Gedanke. Und ich mag es, wenn Leute früh schlau sind.

Und dann werde ich diese Karte neben die aus dem Jahr davor an den Kühlschrank pinnen, und da wird sie für viele Jahre hängen, denn ich mag es, mir jeden Tag die Dinge, die meine verschiedenen Lieben definieren, anzuschauen.

BAND AID

Hier ist sie, die eine Stelle in diesem Buch, an der ich mit meinem Insiderwissen angeben kann. Also los: Band Aid hat Campino geknechtet.

Nur eines war gut, und das waren die vier Millionen Euro, die wir eingespielt haben. Die Organisatoren haben später noch mal eine nette Mail geschickt und erzählt, was sie alles vor Ort mit dem Geld machen konnten, und haben sich entschuldigt für das, was auf Campino eingeprasselt ist. Nette Geste, reflektierte Reaktion. Ärzte ohne Grenzen bleiben stabil, wie meine Oma immer gesagt hat.

Mir hingegen war das alles scheißegal.

Gerne verabschiede ich Mitglieder der Toten Hosen mit den Worten »Never forget!!! Band Aid war eh das Geilste, was wir jemals gemacht haben!«

Eine gute Sache an den Toten Hosen ist: Sie können scheppernd lachen. Sie lachen wie alte Autos, die man noch mal zu starten versucht. »Äähhäähhhäähh!«, lachen sie dann, wenn sie mir hinterherschauen und ich noch mal rufe: »Ich sag's euch: Band Aid war eh das Geilste, was wir jemals gemacht haben!« Vielleicht bin auch einfach nur stolz, dass dieses »wir« Die Toten Hosen und mich in einem Wort vereint. So ist es wahrscheinlich. Aber ich rufe gerne vermeintlich zu gleichen Teilen sinnloses Zeug, welches wiederum sinnvoll ist.

Gerne rufe ich auch, wenn jemand etwas lustiges Dummes sagt: »Ich habe schon Leute für weniger zusammengeschlagen.« Und das, obwohl ich mich noch nie geprügelt habe und Gewalt strikt ablehne. Ich sage das irgendwie als Anti-Kompliment, das nett gemeint ist, und um mir selber die Idiotie von Menschen vor Augen zu führen, für die körperliche Gewalt als Mittel zur Lösung von Konflikten, als Ritual oder Hobby dient. Gewaltfreie Erziehung bekommt man nicht geschenkt, die muss man sich erkämpfen.

Dass meine Erziehung Früchte trägt wie ein geiler alter Apfelbaum im modernen Alten Land, bemerkte ich, als ich meine Tochter wirklich mal durch die Bude jagte, weil sie Scheiße gebaut hatte. Da wir auf Holzparkett leben, kann man in dieser Wohnung nicht gut rennen. Vielmehr sieht es wie in alten amerikanischen Zeichentrickfilmen aus, wenn sich eine Katze und ein Hund jagen und die ersten Sekunden auf der Stelle bewegen, weil sie so schnell sind. Ich jagte sie also durch unsere quadratmeterstarke Wohnung im Kreis, plötzlich verlangsamte sie ihre Geschwindigkeit, ich musste bremsen und glitt noch auf dem Holzfußboden aus geschützten Tropenhölzern nach. Sie schaute mich mit zusammengekniffenen Augen wütend an und zeigte mir langsam und vorsichtig den ersten Mittelfinger ihres Lebens. Da habe ich mich sehr gefreut und sie umarmt und gesagt: »Das hast du gut gemacht!«

Sie hatte getestet, wie weit man gehen kann. Das ist klug und schnell und niedlich. Sie hatte getestet, ob sie das bringen darf, obwohl es sich nicht gehört.

Das Telefon klingelt, und da steht »Cam« auf dem Display. Ich wollte Campino nicht unter Campino abspeichern, damit niemand mein Handy klauen, meinen Daumen abschneiden, Campino anrufen und sagen könnte: »Eh, ich habe gerade ein Handy geklaut, und ich wollte dich mal anrufen. SCHAMHAARE WIE DIESE ... ödiödiödi!« So was will ja nun wirklich keiner. Außerdem habe ich einen wunderbaren Freund aus Kanada, der Cameron heißt, und den wir auch alle »Cam« nennen oder wir nennen ihn Cameron Diaz. Das kommt auch immer riesig an. Und dann muss ich an den denken, wenn Campino anruft, und ich finde es schön, an alte, weite Freunde zu denken. Ich weiß, dass man da eigentlich »weit entfernte« Freunde schreiben sollte, aber ich finde es so noch stimmiger. Weite Freunde, weil es ja eben nicht die Kilometer sind, die unsere Freundschaft bestimmen, sondern die Weite zwischen Berlin und Winnipeg, die das Grundstück unserer Freundschaft markiert.

Das Telefon klingelt, und im Treppenhaus roch es nach frisch gebrühtem Kaffee. Das hab ich mir jetzt einfach mal gegönnt.

Das Telefon klingelt, und auf dem Display steht »Cam«, und ich gehe einfach nicht ran. Nach all den Jahren ist es irgendwie immer noch zu viel, dass dieser Typ etwas von mir will. Und manchmal möchte ich, dass sich das nie ändert. Dabei gibt es eigentlich keinen Grund, da nicht ranzugehen. Er ist freundlich und zuvorkommend. Seine Stimme klingt genauso, wie er singt. Als ich mal große Schwierigkeiten hatte, meine Texte zu schreiben, hat er mir immer wieder seine Hilfe angeboten. Er erzählte von seinem Sohn und wohin er demnächst wieder fährt und dass ich mal mitkommen soll. Und dann sage ich: »Ich fahre nicht in den Urlaub. Ich finde in den Urlaub fahren stressig!« Und dann lacht er schon wieder, als ob man ein altes Auto zum letzten Mal versucht zu starten. Und er verabschiedet einen immer mit: »Auf bald, mein Lieber!«, und zwar so, dass man das glaubt.

Wie schon gesagt, das Telefon klingelt, Campino ruft an, mein Herz schlägt schneller, und ich lasse das Telefon – wie man so schön sagt – ausklingeln. Dann mache ich mir einen Kaffee, rauche unerlaubterweise eine in der Küche, und dann gibt das Telefon schon dieses Zeichen, dass jemand auf die Mailbox gequasselt hat. Hölle!

Ich ruf dann mal zurück. Geht ja nicht anders.

Campino: »Aloha, mein Lieber. Haste die Mailbox abgehört?«

Ich: »Ja! (Pause) Worum geht's?«

Campino: »Bob Geldof hat mich angerufen. Wegen der Ebolaepidemie in Westafrika machen die in

England eine neue Version von dem Band Aid-Song. Der Plan ist, dass die das in England machen, die Franzosen machen das in Frankreich, und wir machen das in … Na, Thees, wo machen wir das? … Richtig. In Deutschland. Und zwar jedes Land in seiner Sprache!«

Ich: »Das ist eine gute Idee!«

Campino: »Ja, ich weiß nicht so recht. Aber ich habe mir gedacht, Tobi Kuhn macht die Musik mit Vincent, und du, Marteria, Sebastian Wehlings und ich schreiben den Text zusammen.«

»Ob das so eine gute Idee ist?«, hallt es mir noch durch den Kopf, als ich mich schon sagen höre: »Geil! Das machen wir!«

Da darf man nicht dumm sein, wenn sich einem eine »Einmal im Leben«-Gelegenheit bietet. Dann sollte man das zumindest schnallen. Ich habe eine Prämisse in meinem Leben, und glauben Sie mir, mein Leben ist nicht gerade prämissenreich. Auch in Zeiten drohenden Unheils denke ich immer, wenn es um eine zwingende Frage der Entscheidung geht: »Werden wir in zehn Jahren noch darüber reden und lachen und uns freuen, dass wir am Leben sind?« Es sagt eben kein Mensch auf der ganzen Welt: »Weißt du noch, wie geil das war damals, als wir NICHT bei Band Aid mitgemacht haben?« Sehen Sie? Sagt keiner. Okay, in diesem Fall vielleicht doch, und das ist okay so, aber dieser Text ist auch noch lange nicht zu Ende.

Zum Schreiben trafen wir uns in einem schönen kleinen Hotel in Ostberlin. Da geht's schon los: zum Schreiben in einem Hotel treffen. Aber es ging einfach nicht anders, denn in meine Bude lasse ich keinen rein, Sebastian kommt aus Worpswede, Marteria wohnt auf einem Fischtrawler und Campino eben in Düsseldorf.

Zwei Tage waren angesetzt und da geht's schon wieder weiter! Es ist vollkommener Wahnsinn, für das Schreiben eines Songs einen Zeitrahmen zu veranschlagen. Ich habe für den Song »Ich bin der Fahrer, der die Frauen nach HipHop-Videodrehs nach Hause fährt« ungefähr vier Stunden gebraucht. Und der Text ist richtig lang. Für den Song »Avicii« habe ich mehr als ein halbes Jahr gebraucht, bis er mir gefiel – und der Songtext ist *richtig* kurz.

Sebastian Wehlings kenne ich schon urlange. Ich kannte ihn, weil ich die Texte, die er für die Kölner Musikzeitschrift SPEX schrieb, liebte. Er machte zum Beispiel das allererste Interview mit Coldplay in Deutschland, im Atomic Café in München. Seine Einstiegsfrage an den Sänger Chris Martin lautete: »Wisst ihr, dass ihr in einem Jahr Weltstars sein werdet?« Diese Einstiegsfrage ist schlichtweg so genial, dass man zwanzig Jahre später mit ihm einen Band Aid-Songtext schreiben MUSS. Und er schrieb mal in einem kleinen Artikel über mich, dass ich aussehen würde wie ein Gemälde von Modigliani, woraufhin mir meine geliebte Freundin Pia eine Karte schickte, auf der eine Person war, die von Modigliani gemalt worden war. Hinten auf der Karte stand drauf: »Haha! So siehst du aus! Deine Pia«. Ist das nicht schön? Und das Schönste ist, ich kenne beide immer noch.

Marteria ist ja auch so eine Urgewalt, so eine Mischung aus Baum und Insel. Wenn der in den Raum kommt, dann hören die Moleküle auf, sich in der Luft zu bewegen, weil die Moleküle ganz aufgeregt sind, dass er da ist. Und mir geht es genauso. Ich habe mal eine halbe Grundschulklasse auf einem Schulhof zur Weißglut gebracht, weil ich sie davon überzeugen wollte, dass es heißt: »Alle ham ein Job, ich hab lange Beine!« Ich meinte dann: »Eh, ihr Kinder, der hat mal als Model gearbeitet. Und was haben Models? Richtig! Lange Beine, ihr Trottel!« Dann habe ich den Song vom Handy abgespielt und habe bei der entscheidenden Stelle immer in den Text reingesungen: »ICH HAB LANGE BEINE!«, und die Kids haben sich *richtig* aufgeregt! »Ja, wenn du da reinlaberst, dann kann man das ja auch gar nicht richtig verstehen!«, sagte einer. »Was duzt du mich, du abgebrochene Bohnenstange!?«, fragte ich zurück.

Und meine Tochter sagte: »Du bist peinlich und du nervst!«

Was ich sagen will, ist, dass wenn man es geschafft hat, dass man auf dem Schulhof verteidigt wird, obwohl man keine Kindermucke macht, dann hat man schon einen ordentlichen Brocken Kunst geschaffen.

Die Marschrichtung war klar. Die Akkorde mussten die gleichen bleiben und textlich sollte es auch irgendwie ähnlich sein, aber in die Jetztzeit übertragen werden. »Wir müssen auf jeden Fall geiler sein als die Engländer!«, gab Campino als Ziel aus. Sportsmann durch und durch.

Ich hatte ihm mal erzählt, dass ich mit meinem Freund Jens, dem Kindergartenvater, Tennis spiele.

Ambitioniert zwar, aber nur mit rudimentären Fähigkeiten ausgestattet. Was man mit dreizehn lernt, vergisst man nicht so leicht. Wir wissen ja selber, dass wir uns so viel Mühe wie möglich geben, um den Ball zu erreichen. Jens hat mal gesagt: »Mann, Thees, du bist echt schneller, als man denkt!« Ich war noch nie so stolz und gedemütigt zugleich. Wir spielen einfach, so gut es geht, aber eben ohne Punkte. Campino sagte zu mir, als ich ihm das erzählte: »Thees, unter uns und im Guten: Ich finde diese Einstellung krank.«

Ich war auf jeden Fall so aufgeregt, dass ich mich an das Ganze wieder nur noch in Fabian-Boll-Millerntor-Stadion-Manier erinnere. Ich weiß noch, dass ich besessen davon war, dass in dem Text die Zeile auftaucht, dass ein kleiner Junge ein FC Barcelona-Shirt trägt, weil die Zweitverwertung von aussortierten Kleidungsstücken aus der Ersten Welt irgendwie dieses Trikot an den Körper dieses kleinen Jungen in Westafrika gespült hat, und er es da mit Stolz trägt.

Das hatte ich von Ridley Scotts »Black Hawk Down«, in dem ein Junge die Leiche eines G.I.s durch die Straßen von Mogadischu zog und dabei ein Trikot der deutschen Nationalmannschaft trug auf dessen

Rücken »Matthäus« stand. Seltsam, an was man sich so alles erinnern kann.

Wir schrieben so rum. Das Ergebnis ist bekannt. Wenn der Rahmen so eng gesteckt ist, dann kommt man da auch nicht raus, dann geht manchmal nicht mehr. Wenn in diesen Zeiten ein Song »politisch« und »emotional« sein soll, dann kann es eigentlich nur schiefgehen. Das wussten wir auch.

Wir schrieben so rum und dachten uns: »Okay, mehr geht auch gerade nicht!« Und das ist kein guter Satz, um ein Kunstwerk für beendet zu erklären. Und Kunst war es. Kunst ist es immer, wenn jemand etwas erfindet, womit man nichts bauen kann. Wenn man etwas damit bauen kann, dann ist das Design.

Hier kommen wir zu einem entscheidenden Punkt. Wenn Bob Geldof fragt, ob man etwas machen kann, dann sagt man einfach: »Ja!« Man denkt nicht nach und wägt nicht ab, man denkt nicht an seine Karriere oder ob das cool oder uncool ist oder wie man sich fühlt. Man sagt einfach: »Ja!«

Alles andere ist in meinen Augen unhöflich. Ich sehe das so. Campino sieht das auch so. Die anderen habe ich nicht gefragt.

Wenn der Typ von *Manic Monday* äh ... *I don't like*

Mondays anruft, nachdem erst seine Frau und dann noch seine Tochter an Heroin gestorben sind – seine geliebte Tochter einfach an Heroin gestorben ist, verdammt noch mal –, dann hält die postindustrielle Hyper-Postmoderne einfach mal ihre Schnauze, und dann macht man das einfach. Ich habe lange darüber nachgedacht, welche Rolle der Prozess der Sublimierung in diesem neu aufgelegten Band Aid-Projekt spielte. Und am Ende des Nachdenkens war es mir einfach egal. Wenn jemand so was wie Band Aid in den Achtzigern bei aller gebotenen Kritik erfindet und mich Dödel vom Dorf dann dreißig Jahre später fragt, kurz nachdem seine Tochter gestorben ist, ob ich bei einer Sache mitmache, die ihm wichtig ist, dann mach ich da mit. Ich würde noch ganz andere Sachen machen, damit der wieder auf andere Gedanken kommt. Ich verstehe, warum manche da »Nein« gesagt haben, aber ich weiß auch genau, warum ich da mitgemacht habe.

Die Leute sollen mal nicht denken, dass wir dumm und blind in eine Sache gelaufen sind, von der wir nicht wussten, dass sie zumindest ambivalent ist. Wir haben da mitgemacht, weil ein Freund von Campino, der in den Achtzigern Entwicklungshilfepolitik für uns alle auf die Landkarte gesetzt hatte, und dem es schlecht ging, gefragt hat, ob wir Bock haben, ihm ein wenig zu helfen. Nicht mehr, aber auch bestimmt nicht weniger. Voran ins Elend.

Ein paar Wochen später wurde der Song dann aufgenommen in einem alten Berliner Tonstudio, in dem sonst nur Klassikproduktionen aufgenommen werden. Es ging darum, die verschiedenen Textzeilen auf die diversen Künstlerinnen und Künstler zu verteilen. Ich fuhr mit Bus und Bahn eine Stunde zum Studio, und ich weiß noch, wie kalt und sonnig es war. Radioeins stand vor dem Gebäude mit einem Übertragungswagen, um die Recording Session zu begleiten. Tobias und Vincent saßen oben im Produktionsraum, der so groß war wie die Kommandobrücke im Todesstern.

Die verschiedenen Musiker trudelten ein und wurden nach und nach in die Gesangskabine gerufen, um die ihnen zugeteilten Textzeilen zu singen.

Innerhalb eines Tages hatte Peter Fox noch mal die gesamte Gang von Seeed zusammengetrommelt und damit ist ja jedes Studio voll. Ich habe immer noch ein tolles Foto von mir und Steffi von Silbermond, das ich für meinen Neffen gemacht habe. MC Lücke lief durch die Gegend und sammelte O-Töne von den Künstlerinnen und Künstlern.

Meine Mutter fragt ja gerne mal nach, ob es bei mir mit dem Geld reicht. Sie sagt, dass ich einen so guten Song wie den »Lachse-Song« bestimmt nicht mehr hinbekomme. Manchmal fragt sie mich, ob ich nicht doch noch schnell eine Lehre als Erzieher machen möchte, weil mir das doch so liegen würde. Das sei ihr auch alles gegönnt, immerhin musste sie sich etwa fünfzehn Jahre lang Sorgen um mich machen. Das wirkt natürlich nach. Aber es gab drei Dinge, die sie beruhigt haben. Das Erste war ein Artikel im Stader Tageblatt über mich. Das Stader Tageblatt ist so etwas wie die New York Times für Nord-Nord-Niedersachsen. Das Nächste war dann mein Aufritt in der NDR-Talkshow, als ich für Judith Rakers Granulatkaffee kochen musste, denn wer es aus Nord-Niedersachsen in die NDR-Talkshow schafft, der ist ein geiler Typ. Das darf man nicht vergessen. Und Nummer 3: Eines Tages fuhren meine Mutter und ich mit dem Zug von Hemmoor nach Berlin. Da es immer noch keinen ICE gibt, der von Hemmoor bis nach Berlin durchfährt (ein Rätsel!), mussten wir am Hamburger

Hauptbahnhof umsteigen. Wir stehen also am Gleis mit einem Hamburger Menü bewaffnet (für Nicht-Insider: Das Hamburger Menü ist ein Franzbrötchen und ein Becher Filterkaffee mit einer kleinen Packung Dosenmilch darin) und warten auf die Einfahrt des ICEs, als an uns Moritz von Uslar vorbeiläuft. Gerne sage ich – immer im Scherz –, dass nach der Revolution die Leute mit einem »von« im Namen als Erste von den Laternen baumeln würden, aber dann würde das ja Dirk von Lowtzow auch betreffen und bei dem möchte man ja nun wirklich, dass der für immer lebt. Und auch Georg Andreas Christian von Holst. Viele kennen ihn unter dem Namen Kuddel. Und das kann auch keiner wollen, weil es dann keine geilen Die Toten-Hosen-Riffs mehr gäbe. Wie man also mal wieder sieht, sagt man so was nur, weil es sich irgendwie geil anhört, und es fast schon ein Statement gegen gewalttätige Revolutionen ist, weil die Entscheidung, Menschen an Laternen aufzuknüpfen, meistens zu kurz greift, wenn man das einem Realitätscheck unterzieht.

Also Moritz von Uslar läuft an uns vorbei, kurz nachdem »Sophia, der Tod und ich« rauskam, und er sieht ja auch geilerweise genauso aus, wie er ist.

Edel, durchdacht und nachdenkend. Er erkennt mich sogar, weil meine Fresse zu der Zeit überraschend oft in Zeitungen zu sehen war, und dann sagt er im Vorübergehen am Bahnsteig: »Heh, das freut mich, dass dein Buch ein Erfolg geworden ist!« Und ich so: »Hurra! Vielen Dank!« Er geht weiter und meine Mutter fragt: »Wer war das denn?« Und ich sage: »Das war Moritz von Uslar.« Und sie sagt: »Siehst du, jetzt erkennen dich schon erwachsene Männer. Das ist ja allerhand!« Es sind die kleinen Siege, die den Krieg gewinnen. Das ist nicht von Winston Churchill. Das ist von mir.

Moritz von Uslar, der Geile aus dem Hamburger Hauptbahnhof, lief da auch rum im Tonstudio und schrieb für die nächste Ausgabe der ZEIT einen Artikel über unsere fixe Idee.

Irgendwann war das Gesinge fertig, und wir sollten für das Video, das es zu dem Song geben würde, noch ein paar Chöre singen. Das Studio leerte sich und Campino bekam den ersten Entwurf von von Uslar zugeschickt, las ihn, rief ihn zurück und schrie ins Telefon: »WENN DU DAS SO SCHREIBST, DANN HAU ICH DIR EIN PAAR AUF DIE FRESSE!«

Und manchmal ist es dann auch doch schön, wenn es an dem Informationsgehalt von Sätzen nichts zu deuteln gibt.

Hat er dann aber trotzdem alles so geschrieben. Es war auch überhaupt nicht schlimm. Wir waren alle etwas überlastet an diesem Tag. Das bekam dann eben leider auch Moritz zu spüren.

Ich gehe stark davon aus und auch durch ein paar persönliche Gespräche bin ich mir sogar sicher, dass Campino ein großer Freund der Pressefreiheit ist. Viel mehr noch engagiert er sich in Song und Wort für die Verteidigung und sogar für die Ausweitung von Demokratie und all ihrer Errungenschaften und Vorzüge. Aber hier ging es ja auch nicht um Die Toten Hosen, sondern um eine Sache, von der man schon vorher wusste, dass sie delikat und speziell wird. Vielleicht war das auch einfach zu viel für ihn, dass schon die erste journalistische Schraube zu einem Sargnagel werden könnte.

Ich habe den Artikel nie gelesen, denn ich bin einmal in meinem Leben schlau gewesen. Ich habe alle meine Social Media-Accounts am Tag vor der Aufnahme für Band Aid stumm- und ausgeschaltet. Ich wusste ja, was passieren würde.

Wir trafen Bob Geldof auf der Pressekonferenz zu der Band-Aid-Sache im Soho House. Das Soho House ist ein Kneipenrestaurant in einem Berliner Hochhaus, in dem man für mehr als tausend Euro im Jahr erst mal Mitglied werden muss, um da saufen zu dürfen. Und die Getränke muss man dann trotzdem noch bezahlen. Ich weiß. Es hört sich verrückt an. Eine Kneipen-Gated-Community sozusagen. Ein Restaurant mit Eintritt. Innen sieht alles sehr schön aus, die Kellner sind wahnsinnig nett und reden nur Englisch, und man darf nicht telefonieren. Ein komischer Ort für eine Band Aid-Pressekonferenz. Aber vielleicht ging es auch nicht anders. Wir trafen Bob Geldof also im Soho House, und bei der Pressekonferenz saßen dann Campino, Max Herre, Bob Geldof und ich zusammen an einem Tisch und mussten Fragen beantworten.

Ich. Neben Bob Geldof. Da hätte mal jemand vor zwanzig Jahren drauf wetten sollen, dass das passieren würde, das hätte sich gelohnt. Heute noch ist in meinem Wohnzimmer das Pappnamensschild, auf dem Bob Geldof steht, zu bewundern. Das habe ich damals mitgenommen.

Und dann hängen wir noch mit Bob Geldof ab, und

er meinte: »Danke, dass ihr das macht!«, und ich so: »Klar, kein Ding, Diggi!«

Und ich glaube, dass es so ist, dass eigentlich jeder weiß, wo er war, als das Space Shuttle explodiert ist, und jeder weiß, wo er war beim ersten Wimbledon-Sieg von Boris Becker. Und jeder weiß auch, wo er beim Band Aid-Konzert 1985 war. Ich war bei meiner Gotte Tildi in Schopfheim. Meine amerikanische Cousine war da, und trotz absolutem Fernsehverbot nachmittags durften wir die Liveübertragung der Konzerte aus Philadelphia und London sehen. Bob Geldof erzählte bei der Pressekonferenz im Soho House, dass damals auf fünfundachtzig Prozent aller TV-Geräte auf der Welt die Band-Aid-Konzerte liefen. Irgendwie beruhigt es mich auch, dass sich innerhalb meines Lebens die ganze Welt um 872 Grad gedreht hat und kein Stein mehr auf dem anderen geblieben ist.

Irgendwann geht auch der Tag im Studio zu Ende.

Die meisten Musiker sind schon nach Hause gegangen. Ich gehe eigentlich nicht gerne nach Hause. Vielmehr bleibe ich immer sehr gerne da. Tobias schaltet mit Vincent das Studio aus. Sammy von den Broilers bleibt auch noch da, weil er extra für die Aufnahmen nach Berlin gekommen ist und ich noch da bin und wir uns gut finden gegenseitig. Wie Welpen auf einer Wiese, die sich zum ersten Mal treffen.

»Los, wir fahren jetzt noch Currywurst essen. Ich geb einen aus«, sagt Campino als großer Verfechter der Imbisskultur und aus einem Reflex heraus, den ich auch gut kenne. Wenn man den ganzen Tag etwas Salbungsvolles singt und Karitatives macht und der Chef von allem ist und man sich ein wenig in die Ecke gedrängt fühlt, dann muss man abends noch etwas Schmutziges machen.

Im »Gesendet«-Postfach nach E-Mails suchen, die man an alte Geliebte geschrieben hat, und dann mit einer Mischung aus Peinlichkeit und Selbstekel Bier trinken. So was halt. Heute ist nur eine Currywurst drin. Wir fahren zu diesem berühmten Stand da hinten am Ende des Kurfürstendamms, was ja für mich immer noch eine der unwirklichsten Gegenden Berlins ist. Alte Westberliner Theater, in denen westdeutsche Komödien mit westdeutschen Schauspielern aus den Achtzigern gespielt werden, liegen neben Flagship Stores der teuersten Marken der Welt. Früher habe ich mich oft gefragt, welche Menschen da wohl einkaufen gehen. »Weiß auch nicht. Russen vielleicht!«, kam immer als Antwort. Heute weiß ich, dass die Antwort »deutsche Rapper« lautet. So schnell kann sich alles ändern.

Wir kommen an der Currywurstbude an, und jeder sagt »mit Darm« oder »ohne Darm«, und die Vegetarier sagen »Pommes rot-weiß«, und Campino sagt: »Und eine Flasche Champagner noch dazu!« Und zu uns: »Das machen wir jetzt. Wer tags die Welt rettet, der kann auch abends mal ein Glas Schampus trinken!« Und er lacht. Müde und benommen und im vollen Bewusstsein, etwas richtig Schwachsinniges zu tun.

Ich esse wahrscheinlich nichts, weil es mir unangenehm ist, etwas in der Öffentlichkeit zu essen und weil so mehr Platz für Bierchen ist.

Ein paar Tage später kommt die Single raus mit einem dieser Standardvideos, die gemacht werden, wenn viele Prominente zusammen singen.

Die Bilanz besagt, dass wir uns mit dem Song zu absoluten Superdeppen gemacht haben und mit der

Single ungefähr vier Millionen Euro für die ganze Sache eingespielt haben. Das ist ein fairer Deal.

Ein paar Tage später spielt die Ostberliner Punkband Beatsteaks ein Konzert in der Max-Schmeling-Halle. Ich schreibe ganz bewusst »Ostberliner Punkband«. Aus zwei Gründen. »Ich muss heute noch nach Ostberlin!«, sage ich immer, wenn mich jemand fragt, was ich heute Abend noch in den Stadtteilen Friedrichshain, Mitte, Prenzlauer Berg oder Pankow machen muss. Außerdem regen sich die Leute so geil auf, wenn man das sagt. Der zweite Grund ist, dass die Beatsteaks mal in einem Interview in der VISIONS gesagt haben, dass sie als Ostkinder, noch mit einem DDR-Pass in der elterlichen Furnierkommode ausgestattet, eine Sache im Osten gelernt haben: »Das Kollektiv ist immer wichtiger als das Individuum.« Genau das sei der Grund, warum sie so gut als Band zusammenspielen und funktionieren würden.

Das finde ich eine der simpelsten und gleichzeitig auch schlausten Sachen, die ich je von deutschen Musikern gelesen habe. Darüber habe ich noch lange nachgedacht und tue das immer noch und deswegen darf ich die auch als »Ostberliner Punkband«

bezeichnen. Und ich habe mich ein wenig geschämt, dass ich als Wessi von 1997 bis 2011 immer nur »ich, ich, ich!« gesungen habe, aber so war das damals eben.

Die Beatsteaks spielen also eines dieser geilen Beatsteaks-Konzerte, auf denen sich Männer weiblich fühlen und Frauen männlich, und alle grooven durch die Gegend, und danach gibt es noch eine sagenhafte After-Show-Party. Da muss ich hin. Das ist ja klar. Nachher denken die Leute noch, ich sei krank, wenn ich da nicht auftauche.

Ich stehe also auf dieser Party, und ich schwöre, dass das wahr ist, was jetzt kommt. Plötzlich beginnt der musikinteressierte Teil dieser Party sich so um mich zu bewegen, als wäre ich im Inneren eines sich immer weiter verdichtenden Zyklons, und plötzlich rede ich mit allen über Band Aid. Alle so »Ack Ack Ack!« und ich so »Öff Öff Öff«. Und das richtig lange. Zumindest wurde mal wieder diskutiert und nicht alles unter einem großen Haufen Schleim so langweilig gemacht, dass sich alle einig sind. Das hat mir gut gefallen. Gerne wieder. Auch wenn der Preis dafür noch ein Band Aid wäre.

Zum Schluss stand ich da noch mit Kiki. Kiki bucht seit dem späten 18. Jahrhundert die Konzerte von den

Toten Hosen und ist Chef bei der Firma KKT (Kikis Kleiner Tourneeservice). Ich mag ihn sehr gerne, er hat diese schweigende autoritäre Ausstrahlung, die ich bei Männern sehr schätze. Er hat viel erlebt, und das spürt man, aber er redet nicht die ganze Zeit darüber. Er sieht geil punkig aus, aber ich weiß, dass er weite Reisen, guatemaltekischen Rum, lange Wanderungen und dicke Bücher mag. Also endlich mal ein Mensch, der mehr ist als sein Aussehen. So was ist schon mal immer richtig gut. Wir stehen also noch zusammen und diskutieren immer weiter. Und ganz zum Schluss sagt er, weil es ihm wichtig ist und mir auch, ganz aufgeregt und mit weit ausgestreckten Armen leise, aber auch ein wenig flehend und schreiend: »Das hat doch mit Punk nichts zu tun, was ihr da gemacht habt!« Und dann muss ich kurz nachdenken und sage: »Ich weiß! Aber Punk hat auch nie nach Erlaubnis gefragt! Und nach der Erlaubnis von Punks schon mal gar nicht!«

»Das stimmt, Thees!«, sagt er, und dann müssen wir lachen.

SPIELEN MIT DEN TOTEN HOSEN

Es begann alles als Witz. Dachte ich. Ich hatte jetzt schon mehrere Jahre auf extrem prätentiöse Art und Weise meine Liebe zu den Toten Hosen öffentlich gemacht. Ich wollte die geschichtsvergessenen Menschen in der Indie-Szene nerven, deren erstes Konzert, genau wie meins, eines von den Hosen war. Ich wollte eine Sache verteidigen, die andere schon verloren geglaubt hatten. Ich wollte, dass Marcus Wiebusch endlich zu mir sagt: »Was hast du eigentlich immer mit deinen verdammten Toten Hosen? Es gibt doch auch Reusenfischer am Mekong-Delta. Die sind viel geiler.« Damit ich dann sagen konnte: »Stimmt, Wiebusch, die gibt es auch. Sie sind bestimmt auch geil, aber das sind eben auch nicht die Hosen, sondern das sind Reusenfischer am Mekong-Delta. Das ist was anderes.«

Ich wollte dagegen sein, dass die Musikzeitschriften ihre aktuelle Ausgabe mit den Toten Hosen zieren und darin ein langes Interview abdrucken, um die Ausgabe zu verkaufen, nur um dann immer wieder zu schreiben, wie schlecht Die Toten Hosen heute sind und wie geil sie früher waren. Ein Gedanke von damals begleitet mich bis heute: Wenn die Popintelligenz alles schlechtschreibt, was den Menschen viel bedeutet, wird sich irgendwann eine Schere zwischen Leserschaft und Journalisten auftun, die kaum wieder zu schließen sein wird.

Ich hatte also Patrick Orth kennen und lieben gelernt, und seitdem bekam ich Freikarten für Konzerte der Toten Hosen. Das Release-Konzert zu *In aller Stille* im Jahr 2017 sollte im SO36 in Berlin stattfinden, einem Punkschuppen, der in den Siebzigern und Achtzigern legendär war. Natürlich ging der Laden dann schnell finanziell koppheister, klar, wenn da nicht mal ein Punk wie Patrick Orth über die Ausgaben und Einnahmen schaut. Gerettet hat das Ganze dann der Künstler Martin Kippenberger. Genialer Name. Ich kenne auch eine tolle Frau, die Bierbaum heißt. Und wie toll wäre es auf die Frage, ob man heute Abend noch Zeit hat, zu antworten: »Nein, bin gerade schon mit Kippenberger und Bierbaum unterwegs!« So was schreibt man gerne, aber man liest es noch viel lieber. Aber vielleicht ist das auch nur etwas für Leute, die von einem Bild von Juli Zeh und Christoph Daum träumen …

Na? Verstanden? Ja? Gut!

Kippenberger, die alte postmoderne Haubitze, hat das SO36 finanziell gerettet, was dann ein paar Punks spießig fanden und ihn zusammengeschlagen haben. Von seinem verbundenen Kopf hat er dann ein Bild gemalt und es »Dialog mit der Jugend« getauft. Genial!

Ich kann mich an das Konzert gar nicht mehr so richtig erinnern, ich weiß nur, dass alle aufgeregt waren, Die Toten Hosen in einem so kleinen Rahmen zu erleben.

Wir haben dann geschwitzt, wir haben dann mitgesungen bei den Songs, bei denen wir textsicher sind, bei dem Rest haben wir »schmaschmaschma« gesungen, dann ruft das Publikum irgendwann »Nazis raus, Nazis raus!«, wenn Campino sagt, dass das nächste Lied *Sascha* oder *1000 gute Gründe* ist, und dann sagt Campino, dass er nicht genug davon bekommen kann, wenn die Leute das rufen, dann geht irgendjemand

Bier holen, dann gibt es diese Pfandchips für diese Becher aus dünnem Plastik, die man nie zurückgeben konnte, weil die Becher vor Aufregung zerdrückt wurden oder in Richtung Bühne flogen, weil ich eben als Cuxhavener einen Becher schmeißen muss, wenn er leer ist, obwohl ich sparsam und demütig bin, und er eben fliegen muss, weil ich weiß, dass ich mit dünnem Plastik keinen verletze, aber er muss fliegen, wenn ich höre *Die Nordsee schlägt dir ins Gesicht, trotzdem hast du verloren!*, weil es genau das Gefühl ist, das ich hatte, als ich mit zwölf oder dreizehn die letzten Sonntagsspaziergänge mit meinen Eltern machen musste. Wir ließen die Becher fliegen in der Hoffnung, dass damit auch ein wenig unserer Sorgen, unserer schlechten Geschichten, unseres schlechten Gewissens, unserer diffusen Angst vor allem verfliegt. Und so endeten die Pfandmarken in der kleinen Tasche meiner 501, um damit Einkaufswagen aus ihrer Kettengeiselhaft vor dem Edeka auszulösen, nur um sie dann später genau da wieder einzupfanden. Und dann ist das Konzert zu Ende, und dann kommen Die Toten Hosen noch mal auf die Bühne, und ich denke daran, dass wir mit Tomte in den ersten acht Jahren nie eine Zugabe gegeben haben, was daran lag, dass keiner danach gefragt hat, aber auch daran, dass wir dachten, dass Zugaben enthirnt sind, weil wir irgendwie Punks sind, und dass wir so lange spielen, wie wir dürfen, und dann nicht so künstlich von der Bühne gehen, um Zeit für eine Zugabe zu haben, die keiner hören will. Während hier heute Abend das Publikum gleich durchdreht und »ZU-GA-BE, ZU-GA-BE« schreit, und Patrick Orth pogt an mir vorbei und sagt: »GEIL!« Und ich schreie »GEEEEIIIILLLL!« zurück, und ich denke daran, wie mein Vater am Esstisch vor mir saß, und ich zum ersten Mal gesagt habe, dass ich irgendwas »geil« finde, und er dann streng fragte: »Weißt du eigentlich, was geil heißt? Geil heißt, wenn man GV will!« Meine Mutter schaute mich peinlich berührt an, und ich verstand nur Bahnhof, wusste aber diffus, dass es hier um etwas ging, an dem ich teilhaben wollte.

Und damit diese kleinen Momente des Lebens irgendwie konserviert werden, schreibe ich. Das ist der wahre Grund. Neulich half ich meiner Tochter bei ihren Mathe-Hausaufgaben, und sie musste irgendwas Geometrisches zeichnen. Wie ich machte sie sich eher liederlich an die Sache heran, und das regte mich auf, weil ich an diesem Tag sowieso eine kurze

Zündschnur hatte. Sie zeichnete etwas, das eine Seitenlänge von zwei Zentimetern haben sollte, und ich schaute von oben auf die Zeichnung und schrie mehr, als ich sprach: »In welcher verfickten Welt sind das denn zwei Zentimeter?«, nahm das Geodreick, maß nach, und es waren genau zwei Zentimeter. Und dann sagte ich: »Oh!«

»Hab ich doch gesagt, dass das zwei Zentimeter sind!«, sagte sie und fügte noch hinzu: »Ich weiß übrigens auch, was verfickt bedeutet.« Und dann mussten wir lachen.

Ich hoffte, sie würden noch *Alles wird gut* spielen. Ich wollte das hören, weil ich das mit am allerbesten fand, und vor allen Dingen, weil ich lauthals einen meiner Lieblings-Toten-Hosen-Verhörer singen wollte: *Mein Hausboot hat es mir erzählt, und ich weiß, dass es nie lügt.*

Es war die große Zeit der Kelly Family, als dieser Song geschrieben wurde, und sie lebten auf einem Hausboot am Rhein, und ich dachte, dass das eine megagute Punkantwort auf das Phänomen Kelly Family ist, zu sagen, dass das Hausboot der Kelly Family mit dem lyrischen Ich von Campino redet.

Ich weiß gar nicht mehr so viel von dem Konzert, aber zum Ende gab es bestimmt *You'll Never Walk Alone,* und das finde ich grauenhaft. Es ist mir zu schunkelig. Ich verstehe, warum die Band das gerne spielt, ich weiß, warum alle das gerne hören, aber ich gehöre einfach nicht zu diesen Leuten. Bei St. Pauli wird das auch ab und zu gesungen, und das führte dazu, dass HSV-Fans zum ersten Derby in der zweiten Liga Aufkleber gedruckt haben, auf denen *You'll Never Walk Again* stand. Auch wenn ich körperliche Gewalt so sehr ablehne, das finde ich einfach wahnsinnig witzig.

Das Konzert war zu Ende, und ich liebte es zuzusehen, wie sich eine Konzerthalle leerte. Der Geruch von Schweiß, Bier und erfüllten Hoffnungen. Meine Freundin Jessi und ich blieben noch sitzen, schauten uns den Ausmarsch der Zerpunkten an und nutzten eine der wenigen Gelegenheiten, um zu reden, auf einer dieser Bänke sitzend, die ich immer »Schützenfest-Bänke« nenne. Die Sitzfläche muss immer aus Holz sein, und die Metallkonstruktion, die unter der Sitzfläche ist, muss immer grün sein, und es ist wichtig, dass man sich ab und zu beim Aus- und Zusammenklappen die Finger darin klemmt. Das macht nüchtern und demütig. Beides wichtige Gefühle.

Dies ist mein drittes Buch. Ich schrieb »Sophia, der Tod und ich«, jetzt schreibe ich dieses hier und vor zwanzig Jahren schrieb ich »Wir könnten Freunde werden: Die Tocotronic-Tourtagebücher«. Weil ich kein Idiot war und Gitarren stimmen und Busse fahren konnte, durfte ich Tocotronic auf Tour begleiten, um sie zu den Konzerten zu fahren und um ihre Instrumente aufzubauen. Es war eine grandiose Zeit, aber am allerbesten war, als sie bei Rock am Ring auf der Hauptbühne spielen sollten und wir als einzige Band nicht mit einem Nightliner ankamen, sondern mit einem 7,5-Tonnen-Geschoss von Mercedes, das der Mischer Sascha Unversucht zu einem Band-Van umgebaut hatte. Autorität ist sehr wichtig beim Rock 'n' Roll und mit so einem Bus verschafft man sich keine. Aber das passte uns ganz gut in den Kram. Verwirrte Punks mit einer neuen Sprache und unverzerrten Gitarren.

Eigentlich hatte ich keine Ahnung von Punk. Der Tocotronic-Bus hielt vor der Hauptbühne und sofort kamen aus diversen Richtungen mächtige Männer auf mich zu und wollten mir helfen, die Instrumente auf die Bühne zu tragen. Ich sagte: »Nein, das mach ich alleine!« Das Konzept »Do it yourself« ist mir wichtig, aber um ehrlich zu sein hatte ich einfach nur das Konzept »Stagehands« noch nicht verstanden.

Wahrscheinlich dachte ich, das würde Geld kosten, und das wollte ich meiner Lieblingsband nicht zumuten. Ich weiß noch, wie einer von den mächtigen Männern zu mir sagte: »Finde ich cool, dass ihr das alles alleine macht! Das ist Punk!« Damals verstand ich das als Lob, heute denke ich, er hat sich einfach nur darüber gefreut, dass er nicht arbeiten musste.

Nach dem Konzert baute ich wieder ab, und jemand fragte: »Was sollen wir machen?« Und ich sagte: »Ich mach das alles alleine!« Und er sagte: »Alter, gleich kommt die nächste Band. Wir reißen das jetzt alles runter zu eurem Bus und das war es dann!« Ich habe mich über die Hilfe sehr gefreut und über all das und noch vieles mehr ein Buch geschrieben.

Damals, als es so seltsam schön in Deutschland war, gab es noch VIVA II, wo Jessi arbeitete, und als das Buch dann erschien, hat sie gefragt, ob ich nicht

Lust hätte, nach Köln zu kommen, um über mein Buch zu sprechen. Da saß ich plötzlich mit Jessi, die mir Fragen zu dem Tocotronic-Tourtagebuch stellte, und das war dann mein erster Auftritt im deutschen Fernsehen. Seit dem Tag sind Jessi und ich Freunde für immer, und ich weiß, dass Jessi an meiner Seite ist und mich darauf aufmerksam macht, wenn ich mich verrenne wie Forrest Gump.

Ich habe Jessi dieses Jahr schon wieder einen Tag zu spät zum Geburtstag gratuliert, und es hat ihr nicht viel ausgemacht. Wir haben dann wie immer neue Demos gehört, und sie hat gesagt: »Thees, das ist doch Schwachsinn.« Oder: »Thees, ich kann es nicht glauben, dass mich manche Sachen von dir immer noch kriegen!« Und dann bin ich stolz. So stolz wie bei vielleicht keinem anderen. Denn Jessi weiß zu jeder Zeit, welches T-Shirt sie zu welcher Hose anzieht, während sie schlaue Sachen über den Kulturbetrieb erzählt, und im Hintergrund läuft BBC 7 aus Schottland, weil sie Schottland so liebt und selbst da noch Englisch verstehen kann, wo The Edge schon mit den Schultern zuckt. Und dann sagt sie noch: »Möchtest du vielleicht ein Glas Sancerre aus dem Château Diminoire?« Und ich frage: »Ist das Weißwein?« Und sie sagt: »Ja!« Und dann sage ich auch »Ja!«.

Und so war es, und so wird es immer sein.

An besagtem Abend im SO36 saß Jessi neben mir, wir haben geredet, wir haben das zusammen erlebt, und das werden wir nie vergessen.

Weil nach dem Konzert noch eine Punker-Disco stattfinden sollte, durften Jessi und ich länger sitzen bleiben. Sonst wird man ja gerne mit dem letzten Schlagzeugstick, der bei der Zugabe ins Publikum fliegt, von der Security rausgekärchert, als wäre man jemand, der den kapitalistischen Warenfluss beeinträchtigt.

Heute durften wir sitzen bleiben und sabbeln. Irgendwann sahen wir aus der Ferne Campino auf uns zuschreiten. Schreiten ist nicht das richtige Wort. Mächtig schwingend kam er freudig in unsere Richtung. Das Konzert war gut gelaufen, er hielt ein Drei-Liter-Glas Weißweinschorle in der Hand, und man konnte eine leichte Anspannung spüren aufgrund der anstehenden Veröffentlichung der neuen Platte. Campino baute sich vor uns auf, weil auch er wusste, dass er im nächsten Moment etwas Schönes sagen würde, und dann sagte er Folgendes zu mir: »Ich weiß genau, wer du bist.«

Danach machte er eine winzige Pause, die ich am liebsten mit zehn Minuten Schreiben auffüllen würde. Denn in dieser Sekunde gibt es zwei Wahrheiten. Er sagte: »Ich weiß genau, wer du bist.« Das bedeutete ja nur, dass er keine Ahnung hatte, wer ich war. Sonst sagt man so was doch nicht. Vielleicht hatte er eine leichte Ahnung, mehr aber auch nicht. Wüsste man genau, wer das Gegenüber war, sagte man doch so was wie: »Moin Keule!« Aber er wollte eben dann doch auch etwas sagen, das mehr ist als »Moin Keule«.

Und er sagte: »Ich weiß genau, wer du bist! Du bist der Einzige, der in der Indie-Szene die Flagge für Die Toten Hosen hochhält, und wir, Die Toten Hosen aus Düsseldorf, wir vergessen so was nicht. Wir müssen mal was zusammen machen.«

An diesem Satz ist ja wohl in Sachen Duktus, Aussage und Wortwahl einfach alles brillant. Sich seine eigene Sprache erfinden und die dann auch noch durchziehen. Das Schöne ist ja wirklich, dass man, wenn man mal mit Campino telefoniert und fragt: »Was hast du zu Mittag gegessen?«, als Antwort bekommt: »In den ersten zehn Minuten war der Griff zur Wasserflasche spielentscheidend, denn wir wussten alle, dass das ein langer Ritt wird. Die erste Halbzeit ging mit einem Tulpenrisotto glasklar an das Restaurant, aber im zweiten Block hat dann das Steak fast schon einen Hattrick geschossen, während der Saibling und die Pizza gleichauf waren. In der Verlängerung kämpften dann Käseplatte und Mousse au Chocolat um das Golden Goal, aber entschieden wurde das Ganze erst durch Espresso und Sambucca im Elfmeterschießen!«

Und ich liebe es, dass er so redet.

Das Gute war auch, er hat nicht auf eine Antwort gewartet. Das war genug. Das war Wertschätzung und Versprechen zugleich. Er ging einfach weiter, und Jessi schaute zu mir rüber und meinte: »Ich glaube, er meinte das auch ernst irgendwie.« Und ich sagte: »Ich kann nicht mehr!« Geblieben sind wir dann trotzdem noch Stunden, Jahre, Jahrzehnte, Äonen.

Wie ernst Campino das alles meinen sollte, erfuhr ich erst Jahre später.

Ich löste meine Band Tomte auf. Ich hatte diese Band immer noch in aller Konsequenz als Dorfband begriffen, und es waren mir irgendwann zu viele Wechsel in der Band gewesen. Das liegt an keinem. Da hat keiner Schuld. Und wenn einer Schuld hat, dann ich. Ich kann mich erinnern, dass ich Ende meiner Dreißiger so nervös war um meine Kunst und meine Karriere, dass ich mich eigentlich schon auf den dritten Bildungsweg eingestellt hatte, obwohl ich noch nicht mal einen ersten hatte. Meine Lieder waren zu krude und mein Herz zu angespannt, und ich dachte nicht, dass sich genug Menschen für den Kram interessieren würden, als dass ich davon würde leben können. Eine schreckliche Zeit. Wenn Sie sich für diesen Geisteszustand interessieren, hören Sie bitte den Song *Nichts ist so schön auf der Welt, wie betrunken traurige Musik zu hören*. Es ist die Mischung aus einem James-Bond-Soundtrack zu einem Film, der nie gedreht worden ist, und jemandem, der wirklich keine Ahnung hat, wohin es noch gehen soll.

Ich hatte zum Schluss einfach zu viel Angst davor, dass der Nächste aus der Band aussteigt, und es war Zeit, etwas Neues zu beginnen. Ich wollte meine erste Soloplatte machen.

Ich kannte Tobias Kuhn schon seit Jahren, und wir trafen uns wieder, als es uns am schlechtesten und alleinigsten ging. Ein guter Zeitpunkt, um eine Platte zu schreiben.

Die Toten Hosen fanden den Sound und die Songs meiner ersten Soloplatte so schön, dass sie auch mit Tobias Kuhn zusammenarbeiten wollten. Die ersten Lieder, die er mit ihnen zusammen schrieb, sind auf *Ballast der Republik* zu hören. Das macht mich immer noch sehr stolz. Ich glaube, Tobias war für Die Toten Hosen wie ein Geist eines Punk-Papstes im Proberaum. Jemand, den man gar nicht richtig sieht, der keinen Raum einnimmt, sondern nur fühlt, der aber die Gabe hat, einer Band den Glauben an die Religion wiederzugeben, indem er unsichtbar seine Hand auf die Schultern der Bandmitglieder legt. Sie könnten jetzt sagen: »Ja, Thees, so was nennt man Produzent!« Da sag ich Ihnen aber: »Schwachsinn. Produzenten gibt es viele, aber eine Sache wieder zum Leuchten zu bringen, so was können nur die Besten. Fragen Sie mal Johnny Cash nach Rick Rubin, wenn Sie ihn treffen. Ich habe das selbst häufig erlebt, dass ich dachte, Tobias einen fast fertigen Song zu zeigen, und er nahm dann vier Sekunden aus diesem Song und schrieb ganze Hits daraus. Und wir reden hier über einen Zeitraum von einem halben Vormittag. Der Dirk Nowitzki der deutschen Songwriter, könnte man jetzt sagen, das aber auch nur, weil er in Würzburg aufgewachsen ist. Ansonsten hinkt dieser Vergleich gewaltig.

Campino hatte ja gesagt, man müsste mal was zusammen machen. Also ereignete sich Folgendes: Die Toten Hosen luden uns ein, mit ihnen im Müngersdorfer Stadion zu spielen. So eine Einladung übersieht man nicht im Posteingang, wenn man zwei Jahre in Köln studiert hat und dann die Stadt mit einem Vordiplom in Englisch und einer versemmelten Matheprüfung in linearer Algebra verlassen hatte. Zweiteres brauchte man natürlich unbedingt für ein Studium der Politikwissenschaften. Diese Scham und dieser Schmerz, vor meinen Eltern zuzugeben, dass ich da dieses Studium nicht gepackt hatte, hatten mich verwundet. Die Einladung zu dem Konzert in Köln, das war dann wie ein überlebensgroßes Pflaster, so groß, dass man schon ganz demütig werden muss.

Ich musste diese Information natürlich gleich mit allen teilen. Keine fünf Minuten nach meinem Facebook-Post meldete sich die Promotionsabteilung des

Müngersdorfer Stadions und sagte, dass das nicht »Müngersdorfer Stadion« heißt, sondern »Rheinenergiestadion«. Und ich konnte das nicht glauben, dass so kleine Trasher wie ich etwas posten, und dass die das dann mitbekommen und sich sogar melden.

Tatsächlich waren sie aber sehr nett und luden uns sogar zu einer Stadionführung ein. Natürlich war an einem Tag wie diesem nicht an eine Stadionführung zu denken. Denn: viel zu aufgeregt. Ich weiß noch genau, wie es beim ersten Mal Sex nicht geklappt hatte, weil ich zu aufgeregt war. Und dieser Tag hier war wesentlich schlimmer.

Hier noch mal ein ernster Funfact über Die Toten Hosen:

Die Toten Hosen fragen einen: »Habt ihr Lust mit uns im Stadion zu spielen? Das wird unter Umständen eine gute Sache!« Man tut dann so, als würde man nachdenken, denkt an den wunderbaren Buchtitel »Wenn Du am Spieltag beerdigt wirst, kann ich leider nicht kommen!« und sagt dann »Ja«. Dann fragen Die Toten Hosen: »Was kostet ihr denn?« Und man fragt zurück »Hä?«. Und dann sagen die: »Ja, das kostet doch alles was!« Und dann sagt man »Hmmh!«.

Meine Bandkollegen lebten quer über den nordeuropäischen Kontinent verteilt, und ich war mit mindestens fünf Technikern unterwegs, also kostet es mich um die 3000 Euro, bevor der erste Ton gespielt war. Das ist nicht gut, das ist nicht schlecht, das ist einfach so. Dann sagt man den Toten Hosen, dass das etwa 3000 Euro kosten würde, und dann sagen Die Toten Hosen: »Das ist doch schon mal 'ne Hausnummer!« Und dann schreiben die sich das auf und dann kommt irgendwann das Geld an, und es ist einfach echt mehr als 3000 Euro.

Von hundert Bands, die so groß sind, sagen fünfzig Bands: »Super Promo ist das, wenn ihr bei uns im Vorprogramm spielt. Gebt uns mal 5000 Euro und dann könnt ihr spielen.« Und sie hätten vermutlich sogar noch recht.

Achtundvierzig Bands von diesen hundert Bands würden sagen: »Ihr bekommt 500 Euro, und das reicht dann ja auch. Viel Spaß! Und nervt unsere Techniker nicht auf der Bühne. Die haben zu arbeiten.«

Eine Band kenne ich nicht, weil ich auch jetzt echt nicht alle Bands kennen kann, aber eine Band, genau eine Band, lässt einen nicht verhungern, sondern legt noch einen drauf. Und diese Band sind meine

Freunde, und wir durften vor ihnen spielen. Viel mehr noch. Die zwanzig Techniker, die den ganzen Tag lang das Konzert für Die Toten Hosen vorbereiten, stürzen sich auf einen, wenn man da ankommt, und sagen: »Wenn ihr irgendwas braucht, wenn irgendwas bei euch nicht funktioniert, wenn ihr irgendwelche Fragen habt, wenn ihr seelische Nöte oder körperliche Gebrechen habt, dann kommt zu uns. Wenn nicht, schlagen wir euch tot. Hier ist alles lösbar.«

Ich habe mich schon in Frauen für wesentlich weniger verliebt als in diese emsige Crew aus Technikern. Wie soll man es schaffen, dieses ganze Konstrukt, diese rollende Maschine aus Liebe und Professionalität, diese kleine, große Punkband und alle, die für sie arbeiten, nicht aus Hingezogenheit und Verehrung aus vollem Herzen zu lieben? Ich weiß es nicht. Ich möchte es auch gar nicht wissen.

Ein leeres Stadion ist eine Kathedrale ohne Gott. Wir machten eine Begehung. Ich war schon zwei-, dreimal mit St. Pauli in diesem Stadion gewesen, aber das ist natürlich etwas ganz anderes. Ich ging durch die Ränge und schaute auf das seltsam kunstvolle Ballett aus Gabelstaplern, die durch das Stadion düsten, um Lichttraversen und Absperrgitter von A nach B zu bringen.

Mir ging es schlecht, meine Nerven waren am Ende. »Ich hab Angst und will, dass es endlich vorbei ist!«, sagte ich. Ich will ja auch so häufig, dass Fußballspiele zu Ende sind, weil ich die Spannung nicht aushalte. »Pfeif ab, den Schayz«, rufe ich dann gerne von den Sitzplätzen am Millerntor, wo ich manchmal mit meinen Freunden von der Band Kettcar sitze.

Ich ging hinter die Bühne, um alibimäßig nach meinem Equipment zu schauen. Ich hatte ja Techniker für all das, weil ich überhaupt keine Ahnung davon habe (bitte nicht Tocotronic erzählen!), aber irgendwas musste ich ja machen.

Ich ging zur rechten Bühne und schaute mir meine geliebte kleine Akustikgitarre an, die einen so schönen, blechernen, dringenden Sound hatte, spielte ein paar Akkorde, ging ein paar Texte durch, die ich an diesem Abend singen musste, hatte Angst, die Texte zu vergessen, obwohl ich diese verdammten Lieder schon Hunderte Male gesungen hatte. Ich stand so rum, und ich schwöre, dass das wahr ist, was ich jetzt schreibe.

Plötzlich erhob sich wie aus dem Nichts, wie der Geist der elektrisch verstärkten Gitarre, wie der Nebel aus Eleganz und Coolheit, hydraulisch nach oben katapultiert, als hätte er keine Kniegelenke, sondern ausfahrbare Beinverlängerungen, Breiti neben mir. Auch er hatte eine Gitarre um die Schultern gelegt und sagte: »Na? Schon Bock?«

Ich bin sehr schreckhaft. Meine Tochter hat das ziemlich schnell bemerkt und wartet jetzt gerne in einer dunklen Ecke meiner Wohnung stundenlang auf mich, um mich dann mit einem leisen »BUH!« bis ins Mark zu erschüttern. Neulich saß ich nachts noch in der Küche und arbeitete. In meiner Küchentür befindet sich eine winzig kleine Fensterscheibe. Und plötzlich, als ich meinen Blick beim Nachdenken durch die Küche gleiten ließ, stand da mitten in der Nacht mit zerschlafenen Haaren und Augen meine Tochter und starrte in die Küche, als spiele sie die Hauptrolle in einem japanischen Horrorfilm. Ich glaube, dass ich in dieser Sekunde fast gestorben wäre. So war das ja auch geplant. »Wie lange stehst du da schon?«, fragte ich sie. »Fünf Minuten bestimmt! Geh ins Bett!«, sagte sie.

»Na? Schon Bock?«, fragte mich Breiti, und ich sagte: »Nein, das ist mir hier alles zu aufregend!«

»Mach dir keine Sorgen. Die Leute sind nett!« Und ich hatte das Gefühl, dass er recht hatte, und dass es eine wunderbare Sache ist, in einer Band zu spielen und zu wissen, dass sich heute Abend 70 000 Menschen dein Konzert ansehen würden, und man über diese Menschen sagen konnte: »Die Leute sind nett!« Und wer jetzt sagt »Nett ist der kleine Bruder von Scheiße!«, hat keine Ahnung, will moralisch-intellektuelle Überlegenheit durch Kalendersprüche simulieren. Das muss man erst mal schaffen, 70 000 Menschen zusammenzukriegen, die nett sind.

Ich glaube, ich sah wirklich sehr geschockt aus, denn Breiti ging und ließ mir die Freiheit, stumpf in der Gegend herumzustehen.

Wir verbringen die Stunden bis zum Konzert damit, zu versuchen, nichts zu trinken. Was schwierig ist, da Alkohol ja ein Nervengift ist und es zugleich die Nerven beruhigt und den Verstand zumindest bei den ersten vier Schlucken fokussiert. Wir sehen Alfred Biolek. Wir duschen in den Duschen, wo sonst die Gegner des 1. FC Köln duschen.

Jessi kommt uns besuchen, und wir beide wissen

still, dass heute der Tag ist, an dem das Versprechen »Wir Toten Hosen aus Düsseldorf vergessen so was nicht!« eingelöst wird. Versprechen sind ja schon wunderbar, wenn sie nicht eingelöst werden. Eine Geste des Schwures in einer unsicheren Welt, das reicht doch oft schon. Wir alle kennen die berühmten Gutscheine, und ich bin vielleicht der Einzige, der sich immer über Gutscheine freut, auch wenn ich weiß, dass sie vermutlich nie eingelöst werden. Ich kann sie ja immer noch in meiner Wohnung an eine Pinnwand pinnen, um sie anzusehen und mich zu freuen. Aber an diesem Tag wurde eingelöst. Und zwar so was von.

Wir sammelten uns hinter der Bühne. Es waren nur noch wenige Minuten bis zum Auftritt. Andi Meurer kam vorbei und fragte, ob er uns ansagen sollte. Ich sagte: »Nein!«, denn ich wollte einfach keinem zur Last fallen. Eigentlich wollte ich nur, dass es schnell zu Ende ging.

Er sagte: »Dann wärt ihr aber die erste Band, die wir nicht ansagen!« Ich ließ mich überreden.

»Liebe Hamburger-Schule-Freaks, seid ihr alle gut drauf? Mögt ihr alle Galão und Matebrause? Sind Kolossale Jugend die Größten für euch? Jungs, ihr seid auf dem komplett falschen Konzert. Das ist Assirock mit Abitur, das ist Thees Uhlmann und Band aus Hemmoor. Applaus!«, hat er nicht gesagt. Ich habe überhaupt nicht gehört, was er gesagt hat, aber es war freundlich und warm, denn als wir auf die Bühne kamen, klatschten die Leute, und sie lächelten.

Und dann legten wir los.

Vor unserem ersten Konzert war ich so aufgeregt, dass mir der Hals zugeschwollen war und ich kaum Luft bekam. Das passierte an diesem Tag im Müngersdorfer Stadion Gott sei Dank nicht. Nachdem ich gemerkt hatte, dass wir heute nicht gesteinigt würden, weil keine Steine da waren und wir sogar ganz gut spielten, konnte ich mich ein wenig entspannen. Ich schaute zum Rand der Bühne, meine Freunde standen da, einige von den Toten Hosen standen da, und dann begann etwas, womit ich nicht gerechnet hatte. Ich freute mich, ich war irgendwie glücklich. So wie man früher glücklich war, als man mit der Familie aus dem Urlaub nach Hause kam, wenn das Auto die Straße, in der man aufgewachsen war, hochfuhr, und man den Bolzplatz zum ersten

Mal wiedersah. Wenn ich mich auf der Bühne richtig wohlfühle, presse ich meine Arme an den Körper, halte mit einer Hand das Mikrofon fest, und mit der anderen Hand forme ich eine Zeigefingergeste nach oben, ungefähr auf Nippelhöhe. Meine Freunde am Rand der Bühne mussten lachen und lächeln, und ich musste auch lachen und lächeln. Wenn sich Träume erfüllen, dann darf man nicht dumm sein. Dann muss man das schnallen und genießen. Ich habe in der Stadt in einem Stadion gespielt, in der ich eine der größten Niederlagen meines Lebens hinnehmen musste. Das ist nicht die Schuld der Stadt, aber dass ich an diesem Abend dort stand, war dann auch ein wenig mein Verdienst. Da stand ich und glotzte in ein verdammtes Stadion und schaute, wie das Stadion zurückglotzte.

Vor unserem größten Hit *Zum Laichen und Sterben ziehen die Lachse den Fluss hinauf* sagte ich noch: »Eh, wenn ihr nicht mitbekommen habt, wer wir sind, wir sind die mit dem Fischlied!« Die Leute lachten, und ich lachte auch. Es war ja nicht so, dass hinter uns nicht ein zwanzig mal zwanzig Meter großes Banner mit der Aufschrift »Thees Uhlmann & Band« hing. Egal, Würde und Entertainment haben nur sehr selten etwas miteinander zu tun. Und ich glaube, dass das auch ganz gut so ist.

Sind es doch häufig die dunklen Dinge und Überlegungen, die einen zur Kunst führen. Wir denken uns dann irgendetwas aus und singen, tanzen oder malen darüber, Leute schauen sich das an und fühlen im besten Falle, wie ihr Gehirn unterhalten wird. Nicht mehr, aber auch bestimmt nicht viel weniger.

Und dann war das Konzert zu Ende.

Es war nicht leicht, vielleicht hätte man es noch besser machen können, vielleicht auch nicht. Das war in diesem Moment aber auch egal, denn wir hatten es geschafft. Der Rest des Abends ist Nebel. Klar, was Sie jetzt denken, und Sie haben recht, aber gleichzeitig hat mein Gehirn signalisiert: »Reicht für heute. Hast du nicht schlecht gemacht, alter Uhl! Ich fahr uns jetzt mal ein wenig runter.«

Ich traf an diesem Abend noch Axel und Michael. Der eine HSV-Fan, der andere St. Pauli-Fan. Beide sind gegenseitig Paten ihrer Kinder und lieben Bad Religion. The Kings of Oooh's and Aaah's. Nach einem Konzert noch Freunde treffen zu können, ist eh das Beste. Und danach wieder die obligatorische After-

Show-Sause, hoch oben, über dem Stadion, mit Blick auf den Rasen, und man konnte sehen, wie langsam die ganzen Menschen alles abbauten und verluden.

Und meine lieben Freunde Emil Elektrohler und Birgit, seine Frau, waren da. Und es war gerade Emil gewesen, den ich zu meiner Kölner Zeit kennengelernt und den ich damals gefragt hatte, was ich denn nun machen sollte mit meinem brachliegenden Studium und dem anstehenden Bekenntnis gegenüber meinen Eltern im Sommer 1996, dass sie die ganze Kohle, die sie in mich investiert hatten, auch einfach hätten in die Elbe schmeißen können.

Und Emil hatte gesagt: »Fahr hin. Sag ihnen das. Und dass es dir leidtut, aber dass du ab jetzt Musik machen willst. Wenn du es jetzt nicht machst, dann machst du das nie. Was sollen sie auch machen? Du bleibst ja ihr Sohn. Und besuchen werden sie dich auch. Ob in Stammheim oder im Bundeskanzleramt. Das ist Eltern ja erst mal egal, wo die hinmüssen.« Und so schloss sich an diesem Abend 2013 wieder mal dank der Toten Hosen ein Kreis.

Und wenn man einen Kreis hat, hat man fast schon einen Reifen. Und wenn man vier Reifen hat, dann hat man schon fast ein Auto. Und wenn man ein Auto hat, dann hat man darin Platz für vier Freunde. Und wenn man das hat, dann ist man schon fast auf dem Weg. Wohin das geht, ist fast egal. Aber mein Weg hatte an diesem Abend in ein Fußballstadion geführt, um da meine Musik zu spielen.

BIS ZUM BITTEREN ENDE

Eigentlich mag doch niemand Liveplatten. Sie werden häufig gemacht, damit Bands aus ihren Knebelverträgen rauskommen, die sie mit großen Plattenfirmen haben, und bei denen noch eine Platte Teil des Vertragswerkes ist, die Band aber zu frustriert ist, sich neue Lieder auszudenken.

Dann gibt es noch das Problem, dass das Publikum ja selten auf der Aufnahme so laut ist, wie man es in Erinnerung hat. Trotz kompliziertester Mikrofonierung des Raumes und einem Höllenauftritt in der Erinnerung hört es sich dann auf der Aufnahme an, als wäre man wieder auf dem Stadium einer Abiband, die vor dreißig Kumpels spielt, die begrenztes Interesse zeigen.

Wir selber haben mit Tomte mal aus Verlegenheit einen Livesong auf eine Bonus-Maxi-CD oder irgendwie so was gepresst. Das war ein Song aus der

Großen Freiheit, das quasi unser Wohnzimmer war. Ich liebe diesen Laden. Viele, die das hier lesen, werden ihn kennen. Er sieht von innen aus wie eine Mischung aus Irish Pub und Piratenschiff und liegt genau auf der Straße Große Freiheit auf St. Pauli. Es ist der Laden, den man sich von außen anschaut und denkt: Nur einmal hier spielen. Bei welchem Teufel soll ich welchen Vertrag unterschreiben, damit ich hier nur einmal spielen darf? Aber da mein Gott ein liberaler Gott ist, dem eigentlich fast alles egal ist, musste ich nichts unterschreiben und durfte jetzt trotzdem schon diverse Male dort spielen. Und die Faszination für diesen Laden ist immer noch so groß wie zuvor.

Ich sah da schon The Pogues, als Joe Strummer für kurze Zeit ihr Sänger war.

Dass ich nicht der Hellste bin, lässt sich daran ablesen, dass ich schwerst enttäuscht war, dass der Clash-Sänger an diesem Abend sang und nicht das stimmliche und medizinische Wunderwerk Shane MacGowan. Ich kannte von The Clash die drei bis vier großen Hits, aber zu den Pogues hatte ich schon viele Schulpartys lang die Beine geschwungen, verzückt durch die Mischung aus Pogo und Linedance.

»Ja so schlecht war das auch nicht, aber Scheiße,

dass Shane nicht gesungen hat. Dieser Strummer ist ja echt schon ganz schön alt!« Inzwischen bin ich älter als Joe Strummer damals, und irgendwie finde ich das gerecht, dass man aufschreibt, was für ein Idiot man manchmal ist. Manchmal, wenn ich denke, dass ich keine Gefühle mehr habe, sitze ich betrunken in meiner Küche und schaue das Video mit der Joe Strummer-Coverversion von *Redemption Song* von Bob Marley an, und dann muss ich weinen, weil ich mich über jeden Ton freue. Über jedes Knarzen in der Stimme von Strummer. Und ich höre die Sorgen und das Streben in seinem Singen, und dann spüre ich, dass ich doch noch Gefühle habe.

Gerade erst habe ich selbst einen Song getextet und dort etwas geklaut. Ich habe an dem Refrain über ein halbes Jahr lang geschrieben, natürlich nicht jeden Tag acht Stunden, aber ich war über sechs Monate nicht zufrieden mit dem Scheiß, den ich geschrieben hatte. Vielleicht wäre mir auch noch etwas gutes Eigenes eingefallen, aber jetzt freue ich mich, dass ich etwas von Joe Strummer ausgeborgt habe, weil ich denke, dass wir Künstler irgendwie alle Kollegen sind. Vielleicht ist Strummer ein besserer Kollege, weil er nichts von mir geklaut hat, aber Kollegen sind wir allemal. Schürfer im Steinbruch der guten Idee. Danke, Joe Strummer. Du hast mir den Arsch gerettet. Kann man ja einfach auch mal so sagen.

Zurück zu dem Livesong von Tomte, den wir für eine Maxi gemacht hatten. Ich sage es, wie es ist: Es ist nur dem Mixing-Genie Michael Pries zu verdanken, dass es sich wie ein Livesong anhört. Wir an diesem Abend: PERFEKT. Das Publikum: ein Tollhaus. Die Aufnahme aber klingt wie das Kunstwerk von Nina Canell, in dem eine Klingel in einem Vakuum die ganze Zeit klingelt. Dieses Kunstwerk kann man im Hamburger Bahnhof betrachten, und es ist sehr gut. Man kann es sehen, aber der Ton ist für das Universum nicht vorhanden. Michael Pries legte einfach den Livejubel von anderen Platten unter unseren Song. Ich glaube, zum Schluss war die Aufnahme eine Mischung aus Rolling Stones aus den Achtzigern, ein bisschen von unserem Konzert und irgendeiner brasilianische Punkband. Zum Glück hat das nie jemand rausbekommen. Das wäre ja peinlich gewesen.

Niemand mag Liveplatten, außer Foto-Ingo. Mein bester Freund und Fotograf aus Wien liebt die Liveplatte. Egal ob Placebo oder Wolfgang Ambros, Voodoo Jürgens oder Pink Floyd, Foto-Ingo zaubert immer irgendwie verlorene Tapes, Bootlegs oder irgendwelche Liveaufnahmen her. Am liebsten ist ihm, wenn Bands ihre legendären Platten live nach der Reihe spielen, das auf Platte pressen und veröffentlichen. »Nur so kann man hören, ob eine Band es wirklich draufhat!«, sagt er dann am Lagerfeuer hinter seinem kleinen Ferienhaus im Burgenland, und wir machen dann Listen mit den besten Konzerten, die wir jemals besucht haben.

In meinem Leben mochte ich nur drei Liveplatten.

Ich war schwer verstört, als aus dem Zimmer meines Bruders diese unfassbar schwarze Liveplatte von The Cure ertönte, da war ich vierzehn. Ich hatte eh schon Angst vor Gruftimusik, weil ich dachte, dass sie mich weich macht und meine Haare toupiert, aber der Klang machte mir noch mehr Angst. Alles auf dieser Platte tropft wie schwarzes Wachs.

Und dann gibt es noch die *If You Want Blood (You Got It)* von AC/DC, die sich ja wirklich anhört, als würden sich fünf Australier nur mit E-Gitarren bewaffnet dem deutschen Heer des Zweiten Weltkriegs entgegenstellen und gewinnen. Spielt jemand von Ihnen Gitarre? Wissen Sie, warum sich diese Platte so heavy und brutal anhört? Ich glaube, es liegt daran, dass die kongenialen Gitarrenspieler Gebrüder Young die Gitarren bei *Let There Be Rock* nicht von oben anschlagen, sondern von unten anreißen. Nur so eine Vermutung.

Und dann gibt es:

Bis zum bitteren Ende

Schon der Bandname zeugt ja von dieser schwerelosen Genialität der Toten Hosen: Einen Begriff nehmen, den jeder kennt, und sich diesen dann zu eigen machen. Jeder kennt den Ausdruck »Hier ist tote Hose!«, aber wenn eine Band sich so nennt, kann selbst eine achtzigjährige Frau erahnen, wie sich diese Band ungefähr anhört: Es rumpelt, es wird gefährlich, es ist deutsch, es will von der Ödnis ins Paradies, wir sind alle auf der Reise, und der Makel wird nicht als Makel begriffen, sondern als Auszeichnung.

Vielleicht nicht so gut wie ihr, vielleicht nicht so schlau wie ihr, vielleicht keine Hochkultur, vielleicht nicht so belesen, aber auf jeden Fall doller als ihr.

Man muss im Internet lange scrollen, bevor man einen Eintrag zum Ursprung der Redewendung »tote Hose« findet. Den Begriff hat die Band zu ihrem gemacht. Genau wie der Sänger von den Nine Inch Nails, Trent Reznor, gesagt hat, dass der Song *Hurt* nicht mehr ihm, sondern jetzt Johnny Cash gehöre. Wenn Rockmusiker altruistisch werden, dann ist das eine schöne Sache. Na ja, über die Gema wird er sich auch gefreut haben. Genauso wie die White Stripes nach jedem Bayerntor.

Ich bin auf dem Weg zur Premiere des Films *Weil Du nur einmal lebst – Die Toten Hosen auf Tour*. Vielleicht organisiere ich mal eine Filmvorführung in Indien, weil die Inder sich dann wundern können darüber, dass man in Deutschland nur einmal lebt. Wir wundern uns hier ja auch über Bollywood-Filme, warum nach Kämpfen auf der Straße oder am Ende, wenn sich alle versöhnen, erst mal choreografiert getanzt wird.

Ich bin sehr aufgeregt. Ich bin immer aufgeregt, wenn es um etwas geht, das mit den Toten Hosen zu tun hat. Ich sitze in meiner Küche und versuche, mich zu beruhigen. Das Telefon klingelt, und Flo Hayler ruft an. Flo Hayler ist der Chef des Ramones Museums in Berlin. Uns eint eine lange Freundschaft und eine ähnliche Einstellung zum Leben.

Dazu haben wir lustige und große Toten-Hosen-Momente zusammen erlebt. Zum Beispiel hat unser Freund Tim Wermeling mal vor langer Zeit bei der Toten-Hosen-Plattenfirma JKP gearbeitet. Er holte sich da das Rüstzeug, das es braucht, um bis heute für Plattenfirmen zu arbeiten. Und manchmal denke ich, dass mein Weg erst zu Ende ist, wenn mein Freund Tim aus Langenfeld wieder da arbeitet. Als Tim da noch arbeitete, waren wir alle bei einem Konzert von den Toten Hosen in Hamburg in der Halle neben dem Volksparkstadion. Und irgendwann sagte Tim auf der After-Show-Party: »Eh, Flo und Thees. Lass mal ein Foto von euch machen! Ihr seht gut zusammen aus.« Das Ergebnis kann man im *Freunde*-Video bei 2 Minuten und 8 Sekunden bestaunen. Florian sieht toll aus, und ich sehe aus, wie ich eben bei einem Toten-Hosen-Konzert aussehe, wenn ich aufgeregt bin.

Es gab mal eine Zeitung, die *Uncle Sally's* hieß, Flo Hayler war der musikalische Leiter dieser Zeitschrift.

Für eine Ausgabe testeten Flo, Nagel von Muff Potter, Mille Petrozza von Kreator und ich das Singstarspiel für die Playstation in der Edition, in der man nur Toten-Hosen-Songs nachsingen konnte. Wunderbarer Abend, wunderbar enthirnt, und ich werde nie vergessen, wie der berühmteste T(h)rash-Metal-Sänger Deutschlands die Songs des berühmtesten Punksängers Deutschlands ... na ja ... singt. Er schreit ja sonst nur, aber an dem Abend hat er wirklich gesungen.

Das Telefon klingelt, und nach einer langen Zeit sehe ich endlich mal wieder den Namen Flo Hayler auf meinem Display aufblitzen. Der Grund kann nur einer sein: Er will fragen, ob ich heute Abend auch zur Die-Toten-Hosen-Filmpremiere gehen will.

Ich nehme den Anruf an und melde mich natürlich nicht mit meinem Namen, ich meine, er weiß ja, wen er anruft, sondern ich imitiere den musikalischen Anfang der Platte *Bis zum bitteren Ende* »dudududumdumdum-dumdumdum-dumdum-dum-dumdumdum-dumdumdum«. Er muss lachen, weil ich auch beim zweiten Durchgang nicht damit aufhöre, und er weiß, dass ich wahrscheinlich nie damit aufhören werde, bis er mir ins Ohr singt:

»Rock 'n' Roll ... ah! Rock 'n' Roll! Rock 'n' Roll ... ah!« Und dann singt er mir genau das ins Ohr, und dann müssen wir hysterisch lachen, weil wir alt sind, aber witzig und dumm und gebildet. Zumindest so gebildet, wie man sein kann, wenn man zwischen Angela Merkel und Helmut Schmidt als Punk in Deutschland gelebt und geliebt hat. »Wir treffen uns später. Ich bringe ein Bier mit.«

Hiermit möchte ich aus vollem Herzen das Buch »Ramones – eine Lebensgeschichte von Flo Hayler« empfehlen. Ein Versandservice hatte, obwohl ich immer zu Hause bin, nicht bei mir geklingelt, sondern das Buch seltsamerweise zu einem Kiosk gebracht, der fünf Kilometer weit weg war. Ich achte den unterbezahlten Arbeiter und gebe wirklich immer Trinkgeld, aber so was hasse ich. Also: Hin da zu diesem Kiosk, denn da wartete ein großes, schweres Paket auf mich. »Die Arschis!«, denke ich. »Was soll ich denn mit so vielen Büchern? Man kann die noch nicht mal verschenken, weil es schon nach Weihnachten ist«, fluchte ich auf dem Weg zurück, und als ich es zu Hause ausgepackt habe, habe ich mich geschämt, denn das Buch von Flo ist so groß und dick und schwer, dass nur ein einziges Exemplar in dem Paket war. Und merke: Der westdeutsche Mann ist am ehrlichsten in seiner Scham. Ein Gefühl, das vielen abgeht, das ich aber immer noch sehr genieße, zeugt es doch von einem Kopf, in dem noch Veränderungen möglich sind und Verhalten reflektiert wird. In einem Buch Werbung für andere Bücher machen. Ich find's geil.

Wir sitzen im Kino nur wenige Meter voneinander entfernt, und bevor der Film anfängt, möchte noch ein Mann von der Berlinale etwas Offizielles sagen. Er fängt an mit: »Liebe ...«, und nur an diesem Platz in allen Multiversen der Welt ist es klar, und ich kann nicht an mich halten und muss es sagen, weil hier so klar ist, dass dieser Satz folgendermaßen weitergehen muss: »Liebe Punkrocker. Das Warten hat sich gelohnt. Seid ihr alle gut drauf? Mögt ihr alle Limonade? Ist Purple Schulz das Größte für euch? Jungs, ihr seid auf dem komplett falschen Konzert. Das ist Punkrock. Das sind Die Toten Hosen aus Düsseldorf. Applaus!« Und das »Applaus« wird so gesagt, wie Kermit in der Muppetshow immer »Applaus« sagt.

Und es ist alles genial.

Aber er sagt es nicht. Er versaut es. Das macht nichts. Ich habe auch schon diverse Dinge versaut und davon wäre die Ankündigung für einen Film auf der Berlinale eine der geringsten Versauungen. So lebe ich. Ein Zeitkristallweizen.

Bis zum bitteren Ende beginnt mit einer zitierten Ansage von Jäki Eldorado. Eine Ansage für ein Konzert. Wie wundervoll. Die verlorene Kunst der Einordnung auf die Dinge, die da folgen werden. Wie feingliedrig auch der Hinweis, dass man auf dem komplett falschen Konzert ist. Manchmal kommt es mir so vor, dass der kippenbergsche Aspekt des doppelten Nachdenkens im Punk durch die Zeit der Hyper-Moralität und Deutungsgeilheit in Zeiten des Internets völlig zerstört wurde. Ich habe schon die Stimme von einem Influencer im Ohr, der sagt: »Warum sagt der denn, dass wir auf einem völlig falschen Konzert sind? Wir wollten doch hierhin!« Man ist ja gerade auf dem richtigsten Konzert der Welt, weil jemand vorn sagt, dass das nicht so ist. Aber wer sein Essen fotografiert und darunter schreibt »I love my friends« und »#healthylifestyle« und »#peta«, findet sich wahrscheinlich selber schon so geil, dass man nicht mehr am süßen Schwert der Ironie lecken will, um sich ein System zu bauen, in dem man den anderen in Freude erkennt.

LIEBESSPIELER

Nach dem Rock 'n' Roll-Intro ziehen sich die zwei ersten Takte des Stückes *Liebesspieler* zu einer Ewigkeit. Wem eine solche Gitarre einfällt, ist ein Künstler, wer das so spielen kann, ist ein hervorragender Gitarrenspieler, wer so etwas komponieren kann, der weiß, dass er will. Wem so etwas einfällt, der ist Gott.

Und wir auf dem Dorf haben nur gedacht: »Häh? Ein Lied über Pferderennen?« Wir kannten Pferderennen nur aus der Sonntagabend-Sportschau um 18:40 Uhr. Ringen aus Schifferstadt, Handball aus Wallau/Massenheim und Pferderennen von der Trabrennbahn München-Daglfing, moderiert von Addi Furler. Ich habe nichts davon gegoogelt, es gehört zu meinem Urwissen.

Ein Lied über Pferderennen? Es gab doch Atomstrom und Atomraketen – und beides war schlecht. Es gab unsere nervigen Eltern, und manchmal denke ich, dass eigentlich wir nur nervige Kinder waren. Das Gefühl des Nicht-Verstehens hat uns noch magischer reingezogen in den Song. Wir wollten um jeden Preis dabei sein bei einer Sache, die wir nicht greifen konnten. Nennen Sie es Punk oder Kultur oder Bier saufen in einer Großstadt oder die Abwesenheit von Langeweile – es ist mir egal. Heute ist unser Tag.

Noch einmal diese Gitarre, noch einmal wird sie konterkariert durch dieses »Därndärndärndärn« von der anderen Gitarre. Und ich werde nie so schnell etwas sagen und mir nie so viel merken können wie diesen Sportreportagenzwischenteil mit Mozartkugel, Sweetking und Liebesspieler. Ich weiß nur, dass Sweetking gewinnt, und dass es zum Schluss auf die »Zielgehhhhhradeeee« geht. Auch so ein Wort aus dem Toten-Hosen-Kosmos, bei dem wir erst mal den Klang mitgesungen haben, um Jahre später dann die Bedeutung zu verstehen.

WARTEN AUF DICH

Gerne wird im deutschen Rap von der Assifront darüber geredet, wer wie auf die Schnauze bekommt, mit einem Messer traktiert oder trotz der Genfer Konvention mit Kriegswaffen umgebracht wird. Ich freue mich immer über diese Pressemitteilungen, wenn die Dorfpolizei bei solchen Videodrehs vorbeigeschaut und den Dreh abgebrochen hat, weil die Waffen ein wenig zu realistisch aussahen. Vergessen darf man wiederum auch nicht, dass *Warten auf Dich* ein Song FÜR die Verfolgten und Verprügelten ist. Man sollte das zwar nicht zu hoch hängen, aber unerwähnt wollte ich es auch nicht lassen. Das Gitarrensolo am Ende des zweiten Refrains wird natürlich immer noch von mir mitgesungen, wenn ich es bei einem Konzert höre.

ARMEE DER VERLIERER

Ich habe in meinem Leben noch nie eine veritable Rückkopplung hinbekommen, vielleicht weil ich meistens Akustikgitarre spiele. *Armee der Verlierer* fängt sogar mit einer an und blendet dann in den richtigen Ton über. Ich weiß nicht, wie man so etwas schaffen kann. Ich habe neulich selbst wieder im Studio eine Platte aufgenommen, und meinem Freund und Produzenten Simon ist es sehr wichtig, dass alles so gesungen wird, wie es auch normal ausgesprochen wird. Das kann einen völlig entnerven und fertigmachen. Ich habe zum Beispiel das Wort »Nutzfahrzeuge« gesungen und dabei »Zeuge« betont. Simon hat gesagt: »Der Nutzfahrzeuge möchte bitte vor Gericht erscheinen!« Und ich habe dann gesagt: »Du altes Diddelgesicht. Das darf man im Punk machen, dass man das anders betont. Hallo!? Campi singt ja auch bei *Armee der Verlierer* ›Arme der Verlierer‹ mit einem leicht angedeuteten zweiten e!« Simon sagt dann: »Wir sind nicht beim Punk, und die Platte ist von 1974!« Man kann gegen diesen Menschen kaum gewinnen, aber jetzt habe ich noch eine Stelle im Werk der Toten Hosen, bei der ich an alles und die kleinsten Dinge denken kann.

Die Anzüge als Uniform bestimmen die Hierarchie. What? Ist das von den Beatles? *Revolution* aus Düsseldorf-Flingern? Ein Satz von einer so feingliedrigen Eleganz über die Arbeiterkämpfe der Achtzigerjahre, eine Beschreibung des Ist-Zustandes, als es noch keine Computer, wohl aber Stahlarbeiterstreiks, den Kampf um die 35-Stunden-Woche und ein Land auf der Reise von Helmut Schmidt zu Helmut Kohl gab. Auch diese Songzeile habe ich erst Jahre später geschnallt. Und hier deutet sich meiner Meinung nach zum ersten Mal etwas an, was mir bei den Toten Hosen mit am besten gefällt: Jeder darf mitmachen, weil es um alle geht. Hier wird nicht aussortiert durch Abgrenzung, sondern mitgenommen durch Vereinnahmung. Nicht blind, aber mit Wollust.

LIEBESLIED

Zu *Liebeslied* habe ich eine besondere Beziehung. Ich spiele den Song selbst gerne live, und er ist einer von drei Liedern, die ich in meinem Leben gecovert habe. Ich mache eine Version daraus, die vielleicht von einem Bob Dylan aus Stade so gespielt würde.

Zum ersten Mal spielte ich diesen Song im Düsseldorfer Zakk, weil wir dem Publikum etwas bieten wollten, und ich dachte, dass es sich auf dem Hometurf der Toten Hosen endlich mal gehört, einen Song von ihnen nachzuspielen. Die Reaktionen auf den Song bestärkten mich darin, das öfter zu tun. Mein Freund Tobias Kuhn, der auch schon Die Toten Hosen produzierte, filmte mich von der Seite und schickte es an seine Toten-Hosen-WhatsApp-Gruppe. Der »Sängertyp«, wie wir ihn häufig nennen, schrieb zurück: »Ihr macht alte Männer sehr, sehr glücklich!« Ein anderer filmte das ebenso, stellte es auf YouTube, und jemand kommentierte darunter: »Das ist wirklich der letzte Scheiß!« Ich mag es in der Mitte von zwei Meinungen zu sein.

Ich sage noch immer, dass *Liebslied* unpolitisch ist. Er ist natürlich für und über einen politischen

Moment geschrieben, eine Demonstration, eine Straßenschlacht, einen Polizeieinsatz, aber der Text des Songs ist eine beschreibende Beobachtung und macht ihn deshalb so lyrisch, real und hilft einem weiterzudenken. Kein Parolengedresche wie »A.C.A.B. – rotes Bullenblut im Schnee!« oder »Warum schmeißt ihr Steine in unseren schönen Garten, packt doch mal selbst mit an, hier ist schon mal ein Spaten!«. Ich kann es immer noch nicht ertragen, wenn mir die politische Welt in einem Dreieinhalb-Minuten-Song klein geschlagen wird, weil man davon ausgeht, dass ich politisch so gebildet bin wie ein Hydrant mit der Meinung eines Pfaus.

Früher dachte ich, Campino sei ein Prediger. Das stimmt aber nicht. Er ist ein Beobachter mit Meinung. Bevormundung ist eine schlimme Sache, ob durch Bands, Politiker oder jemanden, den man liebt.

Ich hielt Campino also nicht für einen Rockprediger, weil er seine Stellung nutzt, um ab und zu Positionen zu beziehen, die für mich eh mit klarem Menschenverstand fest verbunden sind. Ich dachte, dass er ein Prediger sei, weil ich nicht hörte, dass er *Schaufensterscheiben, nur noch Splitter aus Glas* sang, sondern

»Schau!!! Fensterscheiben!!! Nur. Noch. Splitter … aus Glas!«. Ich meine, es wäre mir auch egal gewesen, wenn es so gewesen wäre, ich mag doch auch Shakespeare-Texte, die da lauten könnten: »Look, over there Lies thy destiny!« Aber schöner ist es doch schon so wie es ist.

Befehl an alle! Bleibt besser klug! Ich halte die Erziehung meiner Tochter eher stumpf. In dem tollen Roman von Joachim Meyerhoff »Ach, diese Lücke, diese entsetzliche Lücke« gibt es diese wunderbare Szene, in der er beschreibt, wie sein Opa Medikamente in einer festen Reihenfolge einnehmen muss. Und der Opa sagt: »Die Pillen wissen schon von ganz alleine, wo sie hinmüssen!« Das finde ich gut. Ich glaube, dass meine Tochter auch schon so halb genau weiß, wo sie hinmuss. Für Ratschläge, Zeit und Strafen stehe ich gern zur Verfügung, aber der Rest ist mir egal, weil es a) nichts bringt, wie ich glaube, und b) weil sie es selber schon ganz gut weiß.

Nur eine Regel gibt es: Nicht dumm sein! Und wenn sie oder ich Kacke gebaut haben, dann rufen wir uns mal freudig, mal ärgerlich zu: »Nicht dumm sein!« Ein Aufruf zum Nachdenken nach dem Nachdenken. Ein Ruf nach der Schönheit des eigenen Geistes. Man sollte das über Schultoren in Marmortafeln meißeln in einer Zeit, in der Menschen schon denken, dass es politisch sei, Videos im Internet zu teilen, in denen dumme Menschen sich pseudopolitisch äußern, aber eigentlich nur sich selbst und ihr eigenes bedeutungsloses Leben meinen. Deswegen denke ich, dass ein bedeutungsloses Leben voller Liebe und Achtsamkeit für seine Mitmenschen eine wundervolle Sache ist, die viel mehr Respekt verdienen sollte.

Und dann singt er: *Vor deiner Tür in deinem Ort ist Gerechtigkeit nur ein Wort.* Er hat nicht »Stadt« gesungen. Er hat nicht New York, Köln/Bonn, Soweto oder Hamburg gesungen. Er hat »Ort« gesungen. Meine Heimat Hemmoor nennt sich Stadt. Es ist aber gar keine Stadt. Es ist ein Ort. Vielleicht ist »Ort« die deutscheste aller kulturgeografischen Beschreibungen. Vielleicht gibt es nur in Deutschland Orte. Diepholz, Bad Bibra, Villingen/Schwenningen, Brake. Ich war noch an keinem dieser Plätze, aber ein wenig denke ich, dass sie Orte sind. Orte, an denen wir groß wurden. Und wir wurden zusammengeschlagen, wenn wir nach Cuxhaven in die Disco wollten, weil wir anders aussahen und aus einem Ort kamen.

Wir gingen in diesen Orten zur Schule und gaben uns wirklich ein wenig Mühe, bekamen aber trotzdem schlechte Noten. Wir fanden das ungerecht. Aber das war okay, weil vor unserer Tür, in unserem Ort, Gerechtigkeit nur ein Wort war. Die Toten Hosen hatten uns gemeint. Und wir fanden das geil. Und wir haben das nie vergessen.

DISCO IN MOSKAU

Wenn ich heute Interviews gebe, wird mir oft dieselbe Frage gestellt: »Was wünschst du dir für die Zukunft?« Dann sage ich immer gerne: »Ich wünsche mir den Kalten Krieg zurück!« Die Journalisten sind dann verwundert, weil Krieg ja eigentlich eine schlechte Sache ist. Aber ich meine das natürlich anders: Man hatte damals Spaß an Sinnlosigkeiten, weil man wirklich immer dachte, dass morgen die Welt explodieren könnte. Man fand die USA kacke, außer die geilen Städte, Chucks, die Musik, die Autos, die Filme, die großen Kühlschränke mit den riesigen Mayonnaise-Gläsern und die ersten coolen Verwandten, die man dort hatte. Die UdSSR fand man kacke, weil man sie nicht kannte und wegen ihrer Bedrohlichkeit.

Eigentlich fand man an der UdSSR alles kacke, bis auf die Nationalhymne und dass sie die Nazis geschlagen hatten. Der Rest war eine diffuse Kriegsangst und Zorn auf »die da oben«. Der Soundtrack der sinnlosen Spaßhaftigkeit war *Disco in Moskau*.

Ein Song, in dem Wolf von Lojewski vorkommt, kann nur gut sein.

WORT ZUM SONNTAG

Die Ansage für das nächste Lied: *Es wird Zeit, dass samstagabends die ganzen Priester und Pfarrer endlich mal abhauen!*

Ich wache morgens gerne um sechs Uhr auf. Manchmal stelle ich mir den Wecker, manchmal lassen mich die Sorgen aufwachen, aber meistens wache ich einfach auf, weil ich nicht mehr schlafen mag. Ich schlafe eigentlich jeden Abend mit diesem Gedanken ein: »Jetzt nur kurz die Augen zumachen und dann ist es schon wieder Morgen, und ich kann endlich wieder Kaffee trinken!« Ich empfinde Schlaf als Belastung. Man muss es ja machen. Lieber wäre ich die ganze Zeit wach. Das würde mir ein gutes Gefühl geben.

Wenn ich um sechs Uhr aufwache, mache ich das Radio an und höre die Presseschau auf Deutschlandfunk, dann die ersten frustrierenden Nachrichten aus der Welt und irgendwelche Interviews mit Politikern, die auch schon wach sind. Manchmal hört man, dass bei diesem Politiker ein Kind im Hintergrund rumort. Das finde ich gut: Über die aserbaidschanische Außenpolitik sprechen und im Hintergrund fordert ein Kind Nusspli-Haselnuss-Aufstrich. Und dann kommt um halb sieben die Morgenandacht. Ich höre Nonnen aus irgendwelchen Klöstern, die ich sofort danach google, evangelische Pastoren, deren Stimme ich mit meinem geliebten Pastor aus Konfirmationszeiten abgleiche, katholische Bischöfe, die versuchen, ihr meiner Meinung nach krudes Weltbild einer linksliberalen Hörerschaft näherzubringen. Ich mag es, wenn Leute etwas versuchen. Und ganz egal, wie viele Verbrechen im Namen der Kirche verübt wurden, ich muss da zuhören, weil ja manchmal in religiösen Büchern nicht die dümmsten Gedanken stehen. Und auch, wenn sie manchmal nicht schlau sind, genieße ich es, jemandem mit Überzeugung zuzuhören, der ruhig versucht, einen Gedanken zu teilen. Und die sollen jetzt alle weg? Die ganzen Priester und Pfarrer sollen endlich mal abhauen?

Ich möchte, dass die Lottozahlen wieder live im TV gezogen werden, obwohl ich nie Lotto spiele. Ich möchte, dass der Fernsehabend wieder anmoderiert wird. Ich möchte, dass es ein Testbild gibt, nachdem das TV-Programm zu Ende ist. Und ich möchte, dass es in der ARD das »Wort zum Sonntag« gibt. Ich habe nie verstanden, warum das »Wort zum Sonntag« an einem Samstagabend läuft, weil man so etwas als Kind eben nicht versteht.

Vielleicht war das von Campino gar keine schlechte Idee damals. Vielleicht würden wir uns am Samstagabend immer noch vor dem TV-Gerät versammeln, wenn wir wissen würden, dass nicht ein religiöser Würdenträger (was für ein gutes deutsches Wort: Würdenträger. Carrier of Dignity!) das Wort zum Sonntag spricht, sondern irgendeine andere Person. Wie schön wäre es, wenn Lemmy wirklich mal im Fernsehen erzählen würde, was er von Deutschland, Rock 'n' Roll und dem Leben in L.A. hält, das Ganze in fünf bis zehn Minuten. Ein verständigender Gedanke zur Nacht. Oder Tim Mälzer spricht über die Liebe zum Kochen und zur Liebe an sich. Der kennt sich mit beiden Sachen aus. Oder Andrea Petcović redet darüber, wie es ist, immer weiter Tennis zu spielen, und welche Bücher sie in der letzten Zeit gelesen hat. Da kennt die sich aus. Mit beidem. Würde uns das ein wenig einen? Wollen wir überhaupt noch geeint werden? Würden wir darüber am Montag reden, wie über Fußballergebnisse? Ich brauche dringend einen Termin bei der ARD!

Und dann kommt es: Das deutsche *Stairway to Heaven*. Das nordrheinwestfälische *Wish you were here*. Die erste Ballade einer Punkband.

Ich kenne ungefähr 37 000 Gitarrensongs. Deswegen kenne ich auch 37 000 Anfänge von Gitarrensongs. Da ich selber Gitarre spiele, bin ich jeden Tag auf der Suche nach einem spektakulären Songanfang. Es gelingt mir fast nie. Und wenn man denkt, man hat etwas, weisen einen die Freunde darauf hin, wo es geklaut ist. Das macht einen demütig, aber man hofft auch, dass das a) keiner mitbekommt oder b) dass man denkt: »Starkes Zitat!«

Ich will nicht schon wieder von Jesus anfangen, aber ich kann die ersten sieben Takte von *Here Comes*

The Sun von den Beatles spielen. Nicht perfekt, aber es reicht mir. Die Perfektion, in der sich die Finger im D-Dur (seltsamerweise der schlimmste Akkord von allen, da kannst du echt jeden fragen!) in die verschiedenen Lagen auf die verschiedenen Töne bewegen, hat für mich etwas dermaßen unbegreiflich Leichtes, Schönes und zugleich tieftraurig Elegantes, dass ich dazu nur einen Gottesbeweis heranziehen kann. Ich spiele das manchmal einfach nur, um gute Laune zu bekommen und zu wissen, dass es einen Menschen gab, dem so etwas eingefallen ist. Impfungen, Bier, *Here Comes The Sun*. Das ist die Reihe der wirklich guten Erfindungen der Menschheit. »Du hast heute echt an Jesus geleckt!«, sage ich, wenn einem Freund abends eine wirklich gute Idee kommt.

Und dann gibt es das Gitarrenriff von *Wort zum Sonntag*. Der Gitarrensound ist perfekt. Die Melodie ist perfekt. Als ob Cuxhaven in Kalifornien liegen würde und die Sonne untergeht. Oder Düsseldorf-Garath am Meer und die Sonne geht wieder auf.

Wie kann dem gottverdammten Gitarristen einer bis dato ständig highen Punkband eine solche Gitarrenmelodie einfallen? War es morgens oder abends? Gab es Streit oder war es auf Tour? Wusste die Band gleich, was sie geschaffen hat, nämlich die Transformation von einer bekannten Punkband zu einem Monolithen der deutschen Kultur? Die Ausweitung der Kampfzone. *Wir können alles. Und alles können wir sein.*

Vom dümmsten Song der Welt (*Hofgarten*), der sich seine Erhabenheit erhält durch die bewusste Dummheit gegenüber einer Welt, über Gassenhauer für verwirrte Kids (*Opel-Gang*), über sozialkritische Songs aus einem sozialdemokratischen Background (*Spielzeugland*) zu einer der großen Balladen unserer Zeit, die für einen selber und für jeden anderen eine generationsübergreifende Ich-Genese erschafft. Vergangenheit und Zukunft. Ego und Band, Subkultur und Gesellschaft, Selbstermächtigung und Selbstzweifel. Alles verwoben ohne einen einzigen Haken des Zweifels im sicheren Voran bis in den Tod.

Seitdem ich weiß, dass die Kölner Rockband BAP einen Song hat, der *Wellenreiter* heißt, geht mir bei *Wort zum Sonntag* noch doller einer ab. Denn genau wie für Die Toten Hosen würde ich auch für die Band BAP sofort mit jedem in einen Kampf bis aufs Blut gehen.

Sven Regner schreibt in seinem wundervollen Buch »Herr Lehmann«: »Dreißig werden ist scheiße. Mit dreißig fängt man an eine eigene Geschichte zu haben!« Ich war wie vom Donner gerührt, als ich das das erste Mal las. Flo Hayer sagte mal zu mir: »Wir sind jetzt fünfunddreißig und sind genauso weit entfernt von zwanzig wie von fünfzig!« Das habe ich nie vergessen. Seitdem beschleunigt sich die Zeit. Seitdem habe ich Angst, dass ich sterbe, und seitdem freue ich mich, dass ich am Leben bin.

Dieser Song, *Wort zum Sonntag*, läuft gerade, und ich weiß nicht, wie man etwas Schöneres und Wahreres als das komponieren kann.

POLICE ON MY BACK

Ah, geil! Punkgitarre! *Police on my back*. Was soll das bedeuten? Die Polizei auf meinem Rücken? Egal! Wenigstens konnten danach alle die englischen Wochentage auswendig.

SCHWARZWALDKLINIK

Wer ist diese Frau eigentlich im Publikum, die die ganze Zeit rumkrakeelt? Gibt es die noch? Gebannt saßen wir früher über der sich kreisenden Platte und versuchten rauszufinden, was sie schreit. Wo immer du auch bist, ein paar Jungs aus Norddeutschland haben dich gehört und geliebt. Du warst cool für uns, weil du so laut warst, dass man dich auf der Platte hören konnte.

OPEL-GANG

Ich habe noch nie ein Auto besessen. Das liegt daran, dass ich panische Angst habe zum Amt zu gehen, um dort ein Auto anzumelden, Nummernschilder zu bestellen und mit anderen Leuten, für die das überhaupt kein Problem ist, auf einem Gang zu sitzen und zu warten.

Außerdem bin ich ungefähr zehn Jahre jünger als Die Toten Hosen, und bei uns auf dem Dorf waren Autofetischisten genau das Gegenteil von dem, was wir sein wollten. Es war die goldene Zeit des Autotunings, und als jugendlicher Autoproll vom Dorf musste man sich entscheiden, ob man sich auf die

Rückscheibe einen »Irmscher«-Aufkleber, einen »Kenwood«-Aufkleber (der mit dem kleinen roten Dreieck) oder einen »Technics«-Aufkleber pappte.

Es war egal, ob man ein Produkt der Firmen am oder im Auto hatte. Es ging einfach um den Aufkleber. Tiefer gelegte Golf GTIs, Opel Mantas, Ford Escorts säumten mit riesigen Auspuffen die Straßen des Ortes. Gute Idee für einen Namen einer Ford-Escort-Werkstatt: Ford Escort Service.

Da ich aber aus einer Opel-Familie stamme, lief mir das Lied trotzdem gut rein. Waren Opelfahrer doch nach der Rehabilitierung der Marke Audi die absoluten Idioten der Straße. Das gefiel mir.

Campino sagt: *Die Welt ist so schlecht geworden. Die Welt ist so schwarz und weiß geworden.* Er hat damit 1987 genau das gesagt, was ich heute der Welt vorwerfe. Wunderbar. Hinweg mit den Alten, die Jungen sind jetzt dran. Ich habe leider keine Zeit. Ich muss einen brisanten Mix aus ABBA, Dire Straits, The Skids, Kinks, Ratttengold, Slayer, Public Enemy, Casper und den Toten Hosen hören.

Wir sind die Jungen von der Opel-Gang. Was für ein genialer Schwachsinn.

Ich bin großer Anhänger des Belohnungsprinzips. Wenn ich etwas geschafft habe, ein Kapitel fertig geschrieben, im Studio gut gesungen oder vier Tage nichts getrunken habe, dann höre ich, wie die Weinflaschen im Kühlschrank trotz ihrer Kälte anfangen zu vibrieren wie Topfdeckel auf dampfenden Töpfen. Und sie singen aus dem Kühlschrank zusammen mit den Molekülen in meinem Körper einen Choral und diesen in einem Kanon. »Belohne dich. Das hast du gut gemacht. Belohne dich, komm mit mir in die Nacht! Ich zeige dir alle Dinge, die man allein erleben kann. Ich zeige dir die Stille, wie als die Welt begann.«

Natürlich ist Alkohol eine schlimme Sache. Vor allen Dingen, wenn es keinen mehr gibt. Höhö!

Besonders gut gefallen mir die Warnhinweise auf billigen, hochprozentigen Alkoholika: »Bitte trinken Sie verantwortungsbewusst!« Das ist ein guter Hinweis. Schon häufig habe ich folgendes Gespräch in meinem Freundeskreis gehört. »Weißt du, worauf ich jetzt richtig Bock hätte?« »Na, sag!« »Auf ein Glas von diesem billigen Wodka, der wie eine Mischung aus Batteriesäure und altem Strumpf schmeckt.

Mmmmh! Aber nur ein Glas!« »Oh, du! Da mach ich mit. Aber nur ein Glas! Einen ganz kleinen Schluck. Für Genießer!« »Ja, für Genießer!« So was sagt kein Mensch. Es ist so, wie wenn Eltern morgens vor der Schule sagen: »Gib dir Mühe bei der Mathearbeit!« Ja, was denn sonst, ihr abgedrehten Erzeuger?

Dass Bastian Schweinsteiger Werbung für Automatenspiele macht, das werde ich ihm nie verzeihen. Wie viel Geld will man eigentlich noch auf dem Konto haben, bis ein Berater sagt: »Hey, Basti, hier kommt was Geiles. Angebot von der Deutschen Innung der Daddelfirmen. Du sollst sagen, dass Daddeln okay geht, und dafür gibt's fünf Millionen. Machen wir?« »MACHEN WIR!«

Ein Kinderidol, das Werbung für Spielautomaten macht, da muss man auch erst mal draufkommen. Das finde ich abgefuckter als alle Platten von Poison Idea zusammen.

Mir ist bei der Recherche zu diesem Buch – Recherche bedeutet in diesem Fall einfach, dass ich mir noch mal den ganzen Scheiß angehört habe und dabei so tief, wie ein Norddeutscher meditativ sein kann, in mein Hirn vorgedrungen bin, um alle meine Erinnerungen zu bündeln – aufgefallen, dass ich heute immer noch gerne zu Freunden »Halt die Schnauze, du Arschloch!« sage, wenn sie mich loben oder mir etwas Gutes wollen. Ich sage das dann in diesem seltsamen, scharfen Campino-Ton von der Ansage zum Song *Bis zum bitteren Ende,* und ich meine das ultimativ freundlich. »Ich meine das NETT!«, schreie ich dann häufig hinterher, weil es ja Menschen geben soll, die nicht jedes verdammte Molekül dieser Platte kennen.

Ich finde gar nicht, dass der Alltag ohne Alkohol zu grau wäre. Gerne gehe ich an einem Samstag unverkatert laufen, schwitze wie ein Schwein in einem St.-Pauli-Trikot, höre dabei, wie St. Pauli verliert, und denke: »Was soll ich denn noch für den Verein tun?« Das ist dann pseudoreligiöser Quatsch, der mir guttut, weil es mich irgendwie definiert. Aber wenn St. Pauli dann doch noch in den letzten zehn Minuten gewinnt und ich laufen war, oh Sweet Lord, dann höre ich die Flaschen singen und klingen, und dann denke ich: »Jetzt habe ich gute Laune, und diese gute Laune werden wir jetzt maximieren. Und das allein in meiner Küche!« Und dann werde ich SMS schreiben, als hätte ich die SMS erfunden. Freunde werden dann zurückschreiben: »Küche?« Und ich schreibe zurück: »Aber so was von!« Bis zum bitteren Ende.

Und wenn der Arzt dann einmal im Jahr sagt »Alles in Ordnung!«, dann heiter weiter. Ich ändere das, versprochen. Aber noch nicht heute. Nicht heute Abend.

FREITAG DER 13.

Obwohl es schunkelt ohne Ende, ist *Freitag der 13.* kein $3/4$-Rhythmus. Auch dieses Lied ist im beliebten $4/4$-Rhythmus komponiert. Wenn ich eine Frau wäre, würde ich schon alleine deswegen mit Campino zusammen sein wollen, um meinen Song zu bekommen. Wie kann ein Mensch nur so lieben? In meinem Alter frage ich mich eher, ob ich überhaupt noch lieben kann.

Machen wir uns nichts vor, in diesem Song wird zum Schluss die Frau erstochen. Das Ganze erinnert an den Film *Psycho*. Wie Gewalt mich annervt. Der Song ist aus dem Jahr 1986, und vielleicht war das auch einfach normal, einen Song in diesem Setting anzusiedeln. Aber wissen Sie was? Wie schön, dass sich eine Gesellschaft weiterentwickelt hat, und man nicht mehr den Mord an einer Frau als ein Event besingt, es sei denn, man ist total enthirnt. Vielmehr ist es ja ein Mahner, der uns dazu bringt zu sagen: »Schau, was man früher alles gesungen hat. Wie schön, dass es anders geworden ist!«

Jedes Konzert braucht diesen Song, bei dem man schnell zum Bier kann. Bier ohne Kohlensäure in Plastikbechern für drei DM bei fünf DM Taschengeld pro Woche. Nie schmeckte es besser, und diesen Song nutze ich dafür.

HEAVY METAL PART 1, 2 & 3

Es ist für viele nicht mehr vorstellbar, aber für uns war Heavy Metal damals das Gesetz. Anthrax-T-Shirt, graue Jogginghose und Basketballstiefel der vergessenen Firma Kangaroos (die mit dem kleinen Portemonnaie in der Schuhzunge) waren das Optimum, mehr ging nicht. Ein Freund von uns klaute damals im Hemmoorer Schuhladen erst einen linken Basketballstiefel in Rot und am nächsten Tag einen rechten Basketballstiefel in Blau und zog diese zusammen an. Vielleicht heißt der in ein Triptychon unterteilte Heavy Metal Part 1, 2 und 3 auch nur so, weil es Marketing war, und Die Toten Hosen wussten, wie sehr wir auf Heavy Metal standen. Und wenn es so war, dann war es perfektes Marketing. Die Käuferschicht »Dosenbier trinkende Heavy-Metal-Nerd-Fraktion« wurde auf jeden Fall komplett abgeholt.

BETRUNKEN IM DIENST

Um Himmels willen. Zum ersten Mal fällt mir eine Parallele zwischen *Betrunken im Dienst* und meinem Buch »Sophia, der Tod und ich« auf. Beides spielt mit der Fantasie, dem Tod von der Schippe zu springen. Weil Campino ein Punk ist, klingelt der Tod an der Tür, er ist blass und ihm ist kalt, weshalb er ihm »ahahahahain!« schenkte. Dann wird gesoffen bis zum Morgengrauen, und der Tod zieht wankend ab. Bei mir zieht sich der gleiche Themenkomplex über dreihundert Seiten, und zum Schluss stirbt man doch, weil ich ein sentimentaler Typ bin, der sich selbst nicht genügt.

Ich habe diesen Song immer in der Tradition von ABBA gehört. Es ist nicht der die Band definierende Hit, es ist textlich jetzt nicht die Erleuchtung, aber wenn es läuft, merkt man, wie aus einem ganz lange nicht mehr berührten Teil des Hirnes plötzlich der gesamte Text abgerufen wird und man jede Silbe mitsingen kann. Und jetzt alle: »Uuuuuhhuuuuuu.«

EISGEKÜHLTER BOMMERLUNDER

»Mach die Musik leiser!«, war der einzige Satz, der meinen Vater dazu verleitete, mein Zimmer zu betreten. »Sie ist doch schon leise!«, war immer eine gute Antwort darauf.

Bei mir lief *Bis zum bitteren Ende* in krachender Lautstärke, mein Vater kam, natürlich ohne zu klopfen, klar, natürlich geht man bei seinem vierzehnjährigen Sohn ins Zimmer, ohne zu klopfen. Die Chance, so ein Elend zu sehen, lässt man sich nicht entgehen. Und mein Vater sagte dann: »Mach den Krach leiser. Außerdem ist das nachgespielt. Denen fällt wahrscheinlich eh nichts selber ein!« »Was? Häh? Das ist *Eisgekühlter Bommerlunder* von den Toten Hosen!« »Wie heißen die?« »Die Toten Hosen!« »Oh Mann! Weißt du eigentlich, was Bommerlunder ist?« »Nö!« »Oh Mann! Egal. Mach den Krach leiser!«

Am Ende dieses Liedes ergießen sich Die Toten Hosen in diesem Signature-Riff, mit dem sie diverse Songs und Konzerte beendet haben. Und dann ist diese Platte, dieses Meisterwerk zu Ende.

DER EISVERKÄUFER

Als ich Zivildienst machte, nutzte ich die Chance im ersten Sommer des Friedens und machte Urlaub in Belfast, weil ich sehen wollte, wie Frieden aussehen könnte.

Noch immer fuhren Range Rover Defender durch die Straßen von Belfast, und auf der Ladefläche standen hinter Schießscharten auf dem Jeep englische Soldaten, die mit Maschinengewehren die abgefahrene Umgebung beobachteten. Im Rest der Stadt konnte man fast ein physisches Aufatmen spüren, weil die Gewaltspirale sich überdreht hatte. Ich hatte vergessen, genug Geld mitzunehmen, und gab meine letzte Kohle für den Film »The Crow« und die billigsten Cracker aus, die ich mir gerade noch leisten konnte. Ich ging in einem Shirt von *SNFU* – eine von meinen damaligen Lieblings-Hardcore-Bands – durch die

Gegend, und nur wegen dieses T-Shirts nahm mich für zwei Tage eine Punkergruppe auf, gab mir einen Schlafplatz und versorgte mich mit Bier, das mit Zitronensirup versetzt war. Ich erinnere mich noch, was einer von ihnen antwortete, als ich ihn fragte, wie er die politischen Entwicklungen der letzten Monate findet: »It's so quiet at night now.« Und das ist einer der schönsten Sätze, die ich je gehört habe, und es ist eine schöne Zusammenfassung von hoch komplizierten Zusammenhängen.

Und jetzt: Brexit. Wie kann man nur so irre sein und Frieden riskieren? Vielleicht klingt das simpel – es ist mir egal. Da hat man gerade angefangen, sich als Europäer zu fühlen, und jetzt so eine Scheiße.

Denn, das war doch ganz gut da in Liverpool mit Malek beim Fußball. Das war doch europäisch. Das war friedlich und frei.

Es gibt ja offensichtlich viele Leute, die sich für den Fußballverein »Borussia Dortmund« begeistern können. Malek zum Beispiel. Malek liebt das Schwarz-Gelbe, kommt aus Neumünster und ist ein lieber Freund von mir aus Hamburg, der in meiner kleinen Plattenfirma mitarbeitet. Auf Kinder übt Malek eine fast magische Anziehungskraft aus. Das liegt einerseits an seiner wunderbaren warmen Art und seinem verschmitzten, schönen Lächeln. Und andererseits daran, dass Malek sich den absurdesten Scheiß auf seinen Körper tätowiert hat. So was lieben Kinder, weil sie eben Malen lieben, aber es sich nicht vorstellen können, wie es ist, auf Fleisch für immer zu malen. Die geile Faszination der Ewigkeit.

Malek hat zum Beispiel auf seinen Waden Lenny und Carl von den »Simpsons« tätowiert und auf seinem Oberschenkel Waldorf und Statler von der Muppetshow. Auf seinem Oberarm ist eine Briefmarke, auf der sein syrischer Vater weltmännisch wie Jules Verne in die Weite schaut. Daneben ist ein QR-Code tätowiert, und wenn man den mit einem Handy einscannt, gelangt man auf eine Seite, auf der John K. Samson von den Weakerthans Maleks Lieblingssong nur für ihn singt. Selten hat jemand das Internet so schlau genutzt.

Malek hat auf Höhe seiner rechten Niere einen Leberfleck, der circa zwei Zentimeter aus seinem Rücken hervorsteht. Er hat sich um den Leberfleck einen Biber von den Biber Brüdern tätowiert, und zwar so, dass der Leberfleck den Schwanz des Bibers bildet. Diesen Leberfleck nennt er »den Fiez«, und keiner weiß warum. Manchmal muss er den Kindern und mir diese Tätowierung zeigen, und dann spielt er immer mit dem »Fiez« und sagt: »Guck mal, der Biber hat einen Fiez!« Und dann drehen die Kinder am Rad. Und das ist eine der zehn besten Sachen, die ich kenne.

Ich habe in der Markus-Lanz-Show Neven Subotić kennengelernt. Das muss ich einfach so schreiben. Es ist nichts als die Wahrheit. Neven ist ein Spitzentyp. Er hat in der Sendung seine unfassbar interessante, traurige und zum Glück mit einem Happy End gesegnete Familiengeschichte erzählt. Außerdem hat er noch von seiner Stiftung geredet. Wir sind zwar keine Charity-Fans, weil wir das Gönnerhafte verachten, aber das, was er von seiner Stiftung erzählte, hatte so dermaßen Hand und Fuß, dass mit Nevens Kopf (Hand, Fuß und Kopf in einem Satz über einen Fußballer – genial!) noch dazu eine tolle Stiftung daraus wurde, die wir gerne unterstützen wollten.

Wir verabredeten uns dazu, mal was zusammen zu machen, und so kam es, dass wir auf Lesungen und Konzerten für seine Stiftung Geld sammelten, und als

Belohnung bot er an, dass wir uns mal ein Ticket für ein Borussia-Dortmund-Spiel aussuchen dürfen.

Wir sind manchmal bescheiden, aber manchmal auch zutiefst opportunistisch, und deswegen sagten wir: »Neven, wir wollen zu Liverpool gegen Dortmund!« Das eine Ticket bekam also ich und das andere gaben wir Malek, dem geilen schwarz-gelben Halbsyrer.

Wir trafen uns am Flughafen in Manchester und latschten mit diesem schönen europäischen Gefühl einfach so in England rein. Ich hatte uns ein romantisches, zwölfstöckiges Hotel an den Docks rausgesucht. Wie gut das da aussieht. Das haben die Engländer doch nicht alles alleine bezahlt! Da hat die EU doch auch ordentlich reingebuttert. Für das Beatlesdenkmal, für die schönen Museen, die intakten Straßen und die Mischbatterien in den Hotelzimmern, oder nicht? Das kann man doch nicht einfach alles so wegschmeißen!

Via Twitter verabredeten wir uns abends auf ein Blind Date in einer schönen altenglischen Taverne namens »Sportspub« mit irgendwelchen Sportjournalisten, die auch aus Deutschland zum Spiel kamen. Es war ein rauschender Abend in der Fremde, und ich überlege wirklich, ob ich nicht häufiger in den Urlaub fahren sollte.

Der folgende Morgen stand ganz im Zeichen der Rekreation und des Stadtablaufens. Am frühen Nachmittag wollten wir in den ersten Sonnenstrahlen des Liverpooler Frühlings in einem Pub am Ufer nichts essen, sondern lieber die ersten spielvorbereitenden Lager, Guinness und Indian Pale Ales zu uns nehmen. Mit Malek kann man hervorragend lachen, weil Malek den ganzen Tag herrlichen Unsinn erzählt.

Außerdem hat er einige Probleme in der Organisation der deutschen Sprache und vor allen Dingen bei Sprichwörtern. Herrliche Sachen kommen dabei heraus. Eine Freundin von ihm hat einfach mal in einer Exceltabelle alles gesammelt, was Malek aus tiefstem Sinne ernst meint. Darin steht zum Beispiel: »Sorry, an Ciabatta arbeite ich als Jude nicht.« Oder: »Er hat in letzter Sekunde einen kalten Schwanz bekommen!« Oder: »Die Band bückt sich nach vorne nach dem Konzert.«

Als ich selbst einmal mit meiner Band in die Schweiz reiste, musste Malek beim Zoll noch unsere Bandshirts anmelden. Das dauert manchmal etwas länger, nach einiger Zeit kam er dann endlich zum

Bus zurück (wegen seines Nachnamens, den ich hier nicht näher erwähnen möchte, nennen wir ihn selbstverständlich »Shakira« oder einfach nur »Shakki«): »Eh Shakira, gab es Probleme mit dem Merch, oder was?« »Nee Leute, aber der Busfahrer braucht noch eine Vinaigrette.« Und wenn bei anderen Menschen mal etwas klappt, dann spart Malek nicht mit Lob, denn dann sagt er: »Château!«

So einer ist Malek, einer meiner liebsten Menschen.

Wir sitzen also lachend im Pub, und plötzlich liefen drei Lebendige von fünf Toten Hosen ans uns vorbei. Das war witzig, weil sie mich als Erstes erkannten.

»Ödiödiödi!«, riefen Malek und ich erfreut, wir laberten ein wenig, und Campino meinte, dass er immer, wenn er nach Liverpool kommt, als Erstes an den Fluss fährt, um zu gucken, wie der Fluss zurückguckt. Das ist eine Einstellung, die mir als Küstenbewohner im Herzen natürlich sehr nahe ist. Wir tranken unsere Biere aus und redeten noch ein wenig an den Docks von Liverpool, die auch deswegen so wunderschön aussehen, weil moderne Architektur sich mit altmodischen Dingen die Hand reicht. So stehen da zum Beispiel alte Mod Scooter rum, ein historisches, restauriertes Kinderkarussell, das sich dreht, und auch ein Eiswagen aus der Zeit kurz nach dem Krieg.

Jemand von den Toten Hosen sagte: »Komm, wir machen ein Foto zusammen neben diesem Eiswagen. Komm du auch mit drauf, Thees!«

Wer kann dazu schon »Nein« sagen? Ich jedenfalls nicht. Ich habe Menschen zu ernähren und Arbeitsstellen zu unterhalten, ich liebe Die Toten Hosen, und mit denen auf einem Foto zu sein, das kann also nicht schlecht sein. Foto gemacht. Hervorragend. Unsere Wege trennen sich, wir verabreden uns für vor und nach dem Fußballspiel, um noch ein paar Bierchen zu verhaften. Mmmmh, wie gerne ich das schreibe.

Der Abend wird fantastisch, und wir enden alle zusammen in einem Pub. Am Tresen steht Gerard Butler, und ich sage ihm: »Ich finde dich toll. Du hast in ›Sin City‹ mitgespielt.« Er sagt: »Nein!« Ich sage: »Doch, doch. Toll, wie bescheiden du bist! Sin City. Geiler Film. Ja, ja!« Er geht weg. Nur Sekunden nach meinem Aufwachen am nächsten Tag bemerke ich, dass ich ihn mit Clive Owen verwechselt habe und Gerard Butler in »300« mitgespielt hat. Mann, ist das peinlich.

Ich wurde nämlich am nächsten Tag wach, weil mein Handy schon früh anfing zu brummen. Ich las ein: »Ahahahahah. Du Idiot.«

In der nächsten SMS stand: »Genial, du bist echt der letzte Honk!«

Die danach hatte nur den Text: »Herzlichen Glückwunsch zum neuen Job!«

Langsam wurde ich nervös und musste die Verlierer, die nicht nach Liverpool hatten mitkommen können, in Hamburg anrufen. Aber auch dadurch wurde die Situation nicht besser. Wir lieben es alle, wenn Freunde lachen. Wenn wir genügend Selbstbewusstsein haben, lachen wir sogar mit ihnen, aber langsam wurde es mir zu bunt.

»Was ist da eigentlich los?«, fragte ich. Rainer G. Ott kam kurz aus dem Lachen raus und meinte: »Hier, wegen dem Foto von gestern mit den Hosen, ne?« Ich sagte: »Ja! Ist doch geil, oder was?!«

»Ja«, sagte Rainer, »ist geil, aber die haben das gestern noch ins Internet gestellt, und einer vom ›Express‹ aus NRW hat sich das genommen und daraus eine Neuigkeit gemacht.« »Ja ist doch noch geiler, oder was?«, fragte ich. »Ja!«, sagte Rainer G. Ott. »Das ist richtig geil. Aber weißt du, was auch geil ist? Dass sie unter das Foto geschrieben haben: ›Die Toten Hosen besuchten auch das Spiel von Campinos Lieblingsclub, dem Liverpooler FC, und machten Sightseeing an den Docks von Liverpool. Neben ihnen ein lokaler Eisverkäufer!‹«

Dann musste Rainer wieder lachen, und ich sagte: »Ich lege auf.«

Ein Praktikant vom Express schrieb mir später noch tröstend: »Ich hätte dich erkannt!« Seitdem steht er bei mir immer auf der Gästeliste, wenn er zu einem Konzert will.

Malek neben mir im Hotelzimmerbett musste auch lachen, und ich versuchte das Ganze irgendwie zu retten: »Der Boulevard schreibt ja eh immer, was er will.« Aber das stimmt ja nicht. Der Boulevard schreibt ja immer nur das, was wehtut. Scheitern kann man nur im Alltag.

FINALE VERTEIDIGUNG

Das Interview mit Dr. Angela Merkel ist leider nicht zustande gekommen. Es war knapp, aber es hat nicht gereicht. Das wäre ein Spaß gewesen. Ich habe einen kleinen Brief an sie geschrieben, habe noch mein Buch dazugelegt, als Bestechung und extra ohne Widmung, damit sie es noch zu Weihnachten verschenken könnte.

»Keine Fotos, zwanzig Minuten reichen, kein Boulevard, kein Aufkleber draußen auf dem Buch mit ›So menschlich war sie noch nie!‹. Einfach nur ein paar Fragen zu den Toten Hosen und Ihnen, Dr. Angela Merkel«, das hatte ich ihr geschrieben.

Vielleicht ist das auch gut, dass es nicht geklappt hat. Da hätten sich wieder viele aufgeregt. Dabei ist es doch interessant, wenn sich zwei der bekanntesten deutschen Sachen miteinander unterhalten durch meine Fragen.

Sie haben in diesem Buch nichts Negatives über Die Toten Hosen gefunden. Wenn Sie das wollen, machen Sie das Internet auf. Da ist alles voll davon.

Campino steht in einem offiziellen Liverpool FC-Anzug an der Anfield Road auf dem Spielfeld und wird interviewt. Empörung!

Die Toten Hosen sagen: »Wir finden Frieden ein ganz gutes Konzept!«
Die Leute sagen: »Jaaaa, die haben leicht reden. Die ham ja auch Geld.«

Auf meiner neuen Platte singe ich: *Ich erinnere mich an alles. Sogar noch an den Krieg. Der Deutsche ist erst zufrieden, wenn jemand am Boden liegt. Und dann lobt er sich selbst und tritt noch mal rein, fühlt sich moralisch überlegen und denkt: »Genau so soll es sein!«*
Ich weiß gar nicht, ob ich beim Schreiben aktiv an Die Toten Hosen gedacht habe, jetzt tue ich es auf jeden Fall.

Diese Sucht der Deutschen – ich kenne leider kein anderes Land – Dinge bis aufs Blut zu hassen und sich an seiner eigenen Meinung zu wärmen, das werde ich nie verstehen. In jeder Aktion, in jedem Sein etwas Negatives zu suchen, um das klassensprechermäßig aufzuzählen und dann auf Beifall von anderen zu hoffen. Eine grauenhafte Einstellung.

Wir haben etwas für uns selbst erfunden und noch nicht mal mit Beifall gerechnet. Die Freude an der eigenen Erschaffung, das ist das, was wir lieben.
Wenn manche Menschen sich daran abarbeiten, dann soll das eben so sein. Und damit meine ich keine Kritik. Damit meine ich einen Reflex, und so was ist nur bei Tieren gut oder beim Kotzen.

Wenn Sie etwas Negatives über Die Toten Hosen lesen wollen, gehen Sie ins Internet. Es ist voll davon. Viel Spaß.

Dieses Buch ist ein Buch über Liebe, über mich und über Fantum und meine halben Freunde von den Toten Hosen. Und dieses ist in erster Linie ein Buch, das sich jemand gewünscht hat. Kerstin Gleba rief mich an und meinte: »Wir machen eine Reihe, in der Autoren über ihre Lieblingskünstler schreiben. Hast du nicht Lust, etwas über Bruce Springsteen zu schreiben?« Ich sagte: »Nein!«

Ich hatte die Biografie von Springsteen als Hörbuch eingelesen, und weil wir Punks sind, schrieben mein Manager Rainer und ich einen kleinen netten Brief an das Management von Springsteen, dass wir uns freuen, dass ich das machen kann und lesen darf und ich auch Sänger bin, voll cool und so, und wenn die Hilfe brauchen in Deutschland, dann können die sich gerne bei uns melden, voll gut das Buch, viel Glück und so weiter.

Das war es auch schon.

Am Tag danach rief der Verlag bei Rainer an und fragte: »IHR HABT WAS GEMACHT?« Es hatten sich nämlich inzwischen fünf verschiedene Anwälte beim Verlag gemeldet, was das für Freaks aus Deutschland sind, die das Buch schon kennen und sich bei ihnen melden würden, ob man helfen könne. Und da will man echt nicht helfen, Springsteen noch berühmter zu machen.

»Dann schreib doch über Die Toten Hosen!«, sagte Kerstin. Und der schlägt man wie Bob Geldof keinen Wunsch aus. So sind wir nämlich drauf. Sklaven der Wünsche, Diener der Herausforderung, Bettelmönche des Lobes. 50 Shades of Uhl. Und ich höre die Handschellen des Lektorats klicken, und es zündet mich ein wenig an.

Also, was bleibt noch am Ende?

Erst mal bleiben all die Geschichten, die ich nicht erzählt habe. Mir bleibt die Erinnerung, dass, als ich beim Unplugged-Konzert der Hosen in Wien war, dort so viele Argentinier waren, dass man, als das Publikum nach einer Zugabe skandierte, nicht »Hosen, Hosen, Hosen!« gehört hat, sondern »Cchhosen, Cchosen Cchosen!«. Und dieser Moment hat mir irgendwie Frieden gegeben.

Mir bleibt die Erinnerung an den Tag nach dem Konzert im Müngersdorfer Stadion, als in Düsseldorf die Plutonium-Verleihung für *Ballast der Republik* stattfand. Alle waren zusammen so aufgedreht, dass es direkt wieder Bier und Wein gab, und danach sind alle noch zum Kiesgruben-Rave gefahren, einer Techno-Veranstaltung, wo Sven Väth noch aufgelegt hat. Campino und Marteria stürmten zum DJ-Pult und begrüßten ihn, und ich dachte nur »Wiiiiicked!«. Und dann fiel mir auf, dass das ja Scooter ist und nicht Sven Väth, der das gesungen hat. Ich stand mit Andi und Carla abseits des Geschehens, als mir die Kippen ausgingen, also fischte ich mir eine halbe Kippe aus einem vollen Aschenbecher, brach die Asche ab und rauchte. »Was machst du da eigentlich?«, fragten mich Andi und Carla relativ entsetzt, und ich wurde ein wenig stolz ob meiner Abgefucktheit und sagte: »Hier wird Punk immer noch mit ›P‹ geschrieben!« Das ist ein Bonmot zwischen uns geworden und auch darauf bin ich stolz.

Und ich habe zu wenig über Vom Ritchie geschrieben, von dem ich eigentlich am liebsten eine Biografie lesen würde. Darüber, wie er den deutschen Winzern den Glauben an den Rosé zurückgegeben hat. Wie er aussieht, wenn er sagt: »Ich bin ja der Neuste bei den Toten Hosen!«, und dann: »Fuck, it has been twenty years already.« Und dann redet er darüber, dass es so unfassbar deutsch ist, wenn Die Toten Hosen sagen:

»Natürlich proben wir jetzt noch mal *An Tagen wie diesen.*« For the hundredth fucking time. Ich hoffe, dass er weiß, wie sehr wir ihn alle lieben.

Wir haben alle unsere Geschichten mit ihnen.

Oder anders gesagt, wir haben alle unsere Geschichten mit allem.

Ich hätte genauso ein Buch über Hemmoor, Berlin, saufen, nicht saufen, Deutschland, Erwachsenwerden, sich weigern erwachsen zu werden, Kinder, Freunde, Freundinnen, Eltern, Eltern sein und den ganzen Restscheiß schreiben können.

Und irgendwie habe ich das ja auch getan.

Mein Freund Olli Schulz hat mal gesagt: »Die geilen Geschichten passieren nur den Leuten, die sie auch erzählen können.« Ich bin mir sicher, dass er das auch irgendwo geklaut hat, aber sehen Sie auch, wie vollkommen egal das ist?

Ich glaube, eine Gesellschaft wächst auch immer an den Geschichten, die sie miteinander teilt.

Wenn wir, die dieses Buch hier gerade lesen, uns darauf konzentrieren, uns an den kleinsten Ausbuchtungen in den politischen Meinungen und kulturellen Charakterzügen des Gegenübers abzuarbeiten, dann wird uns das nicht weit bringen. Denn eine Sache ist Fakt: Die Feinde einer liberalen Gesellschaft, die Menschen, die glauben, dass es einen Volkswillen gibt, die Leute mit Paranoia, die Typen, die glauben, dass es eine übergeordnete Wahrheit gibt, die werden sich immer miteinander verbünden und sich als Masse begreifen, und das ist gefährlich.

Ich hingegen bin gerne ich. Und ich sehe mir andere Menschen gerne an, die sie selber sind. Menschen, die einem höheren Sinnzusammenhang nachstreben, sind mir suspekt, und ich finde sie uninteressant. Selbst die Nationalmannschaft gehört ja inzwischen uns, weil den rechten Schweinen diese Mannschaft zu divers und zu abgedreht ist vom Genpool her. Das muss man sich mal vorstellen. Hätten Sie das meinem achtzehnjährigen Ich erzählt, ich hätte gelacht und nachgedacht.

Und dann spielen Die Toten Hosen ein Konzert.

Und dann sehe ich, wie sich 5000, 15 000, 50 000 oder wie in Leipzig 84 000 Menschen freuen. Freuen, dass sie am Leben sind, dass sie gerade zuhören können, wie sich diese Band, die sie alle eint, durch fünfunddreißig Jahre ihrer Songs prügelt.

Und im Publikum sind zwischen Crust-Punks und Volksmusik-Ultras vor allen Dingen normale Menschen. Und ich finde das wunderbar, und ich denke, dass das vielleicht einer der letzten Schmierstoffe unserer Gesellschaft ist. Auf einem Die-Toten-Hosen-Konzert können wir alle noch nebeneinanderher leben, ohne dass es Reibereien gibt. Jeder darf hier mitmachen. Und ich finde das gut.

So, das war es jetzt. Wir können gerne weiterdiskutieren. Ich mag das. Wie mein verdammter (das ist nur ein anderes norddeutsches Wort für »geliebter«) Vater, der auch immer alles bleischwer ausdiskutieren wollte.

Aber Sie können sich einer Sache sicher sein:

Die Toten Hosen verteidige ich bis zum letzten Schrapnellgeschoss aus meinem Schützengraben der Liebe.

Manchmal kann ich das gar nicht glauben, dass ich lebe.

Danke an Maria Hartmann für R- und Sinnfehler rausmachen und alle beim KiWi Verlag.

MIX
Papier aus verantwortungsvollen Quellen
FSC® C083411
FSC
www.fsc.org

Verlag Kiepenheuer & Witsch, FSC® N001512

1. Auflage 2019

Umschlaggestaltung FAVORITBÜRO, München
Gesetzt aus der Calluna und der Acre
Satz Buch-Werkstatt GmbH, Bad Aibling
Druck und Bindung CPI books GmbH, Leck
ISBN 978-3-462-05369-2

Ein handgeschriebener Zettel am Schwarzen Brett seiner Schule – »Wer will mit zum Toten-Hosen-Konzert nach Hamburg? Bus wird organisiert. Eintragen!« – markiert den Beginn eines Orkans, der Thees Uhlmann aus der Ödnis ins Paradies wirbelt. Es ist 1988, und wer wie Thees Uhlmann zwischen Helmut Schmidt und Angela Merkel als Punk in Deutschland aufwächst, der liebt Die Toten Hosen für immer. Und lernt fürs Leben: »Befehl an alle! Bleibt besser klug.« Thees Uhlmann erzählt von einer Liebe, die seit 30 Jahren währt, von einer Freundschaft, die entstanden ist, von gemeinsamen Konzerten und Fußballausflügen und dem Blitz der Erkenntnis in den bizarrsten Situationen.

Thees Uhlmann ist Musiker und Autor des Spiegel-Bestsellerromans »Sophia, der Tod und ich«.